にじ姫さまのいるところ

上山和音 Ueyama Kazune

保育社
HOIKUSHA

目次

にじ姫さまのいるところ

夏祭り

鳥居をくぐるとき、大きなしゃぼん玉を通りぬけたみたいな、ふしぎな肌ざわりがした。

なんか、へんなカンジ。

玉砂利《たまじゃり》をふみしめながら、ゆっくりとあたりを見まわしてみる。赤いちょうちんに、ひしめく屋台。いつもはほとんど人がいない六色《ろくしょく》神社が、人であふれかえっている。

すごい熱気。お祭りって、こんなふうなんだ。

熱が出たときにみる景色とちょっとにてる。頭がくらくらして、視界がぼんやりにじんで、夢のなかにいるみたいだ。夜空を見あげるとしんと静まりかえっていて、にぎわう境内《けいだい》とのギャップにぞわっとくる。

ふらふらと参道に出たとき、金魚すくいの前で足がとまった。

うわあ、きれいな子！

アサガオの浴衣《ゆかた》を着た髪の長い女の子だった。年はわたしとおなじくらい。ほそいあごをつん、ととがらせて金魚をねらっている。

どうしよう。すごくかわいい……。

色白のきれいな肌、黒目がちの大きな目、ほっそりしたはかない首すじ――。タレントの山梨《やまなし》恵梨香《えりか》ちゃんくらい？　ううん、もっとかわいいかも。

近くで見たくて、すぐそばまで近づいた。女の子は水面すれすれにかまえたポイを、さっと水にさしこむ。黒い出目金が左手の容器にすべりこんだ。つづけてオレンジ色が二匹、三匹……。

すごい。この子のポイだけ、やぶれない紙でできているみたい。思わずとなりにしゃがみこむ。

女の子が、けげんそうにこっちを見た。

「あ、ごめんっ。すごくうまいなあと思って、つい……」

あわてて体をはなした。おこられちゃうかな。お姉ちゃんならこういうとき、「うっとうしいからどいて」といってすごくこわい目でにらんでくるのだ。

「……いっしょにやる？」

「え？」顔をあげると、やさしい笑顔があった。

「いいの？」

わたしはいそいで財布をとりだした。お母さんからもらったおこづかいは千円。でも、この子と遊べるならぜんぶ金魚すくいに使ったっていい。

女の子は、大きな目をすこしほそめてわたしの手をとった。

「ポイは最初にぜんぶぬらしておくの。あと、水に入れるときはななめにね。こんなふうに」

女の子の手のやわらかさばかりが気になって、金魚どころじゃなかった。こういうとき、肌がじいんとして、ちょっとおしっこにいきたくなってしまうのはなぜなんだろう。

女の子のおかげで、わたしは十匹も金魚をすくうことができた。

「ねえ、明日もお祭りにくる？」帰りぎわ、思いきってきいてみる。

「うん」

「じゃあさ、明日のお昼もいっしょに遊ぼ？」

「いいよ」女の子はにっこり笑って手をふってくれた。左のほほにえくぼができて、きゅうに人なつっこい表情になる。

その笑顔が、心のまんなかにやきついた。


六色神社で夏祭りがひらかれるのは、わたしが小学生になってからはじめてだった。

むかしは毎年あったそうだけど、なぜかここ何年かはひらかれていなくて、今年はひさしぶりの復活。しかも海の日にあわせて三日れんぞくでひらかれることになり、わたしはとても楽しみでの一週間ほとんど眠れなかったほどだ。

次の日は、狛犬《こまいぬ》のそばで女の子を見つけた。

「あ、いた！　きのうはありがとう」

声をかけると、女の子はびっくりしたようにわたしを見た。Tシャツにショートパンツ。髪がきのうより短くなってるけど、今朝切ってきたのかな。こういうカジュアルな格好もよくにあっている。

女の子はふしぎそうな顔でいった。

「きのう、子どもみこしでいっしょだった？」

「え、子どもみこし？　それは知らないけど……」

あれ？　おぼえてないのかな。

胸のおくがズキンと痛む。こっちはきのうからずっと、あなたのことばかり考えていたのに。会えてよかったなぁ、いっしょに遊べて楽しかったなぁって……。

でも、今日はわたしがはりきって浴衣を着てきたから、それできのうとはちがうふうに見えるのかもしれない。気をとりなおしてきいてみる。

「ね、今日も金魚すくいする？　それともほかのことする？」

女の子はまだ首をかしげていたけど、「きのう、いっしょに遊ぶ約束したでしょ?」というと、しばらく考えたあと「べつにいいけど……」とうなずいた。

境内はせみの大合唱だった。暑さのせいかお客さんはまばらだ。

「わたし、茜《あかね》。あなたは?」

「メグ」

「メグちゃんかぁ。何年生?」

「五年生」

「いっしょだ!」

一気に親しみがわいて、メグに笑いかける。メグもおなじだったみたいで、うちとけたかんじできいてくる。

「わたしは七峰《ななみね》小。茜ちゃんは?」

「六色小。そっか、となりの小学校だね」

ならんで歩きながら、メグのことをいろいろきいた。屋台の食べものはたこ焼きが一番好きなこと、バドミントンが得意なこと、七峰駅の近くのマンションに住んでいること、ほんとうはダンスを習いたいのに、塾にいかされていること——。

とちゅうで「わたしばっかり話してる」と笑われたけど、わたしは楽しかった。メグの話すことはぜんぶがとくべつに思えて、すこしでも自分とにたところがあるとうれしくなった。

「ねえ茜ちゃん、六色小って夏休みの宿題多い？　七峰小はクラスのみんなでお化け屋敷の準備をするっていう宿題があってね。八月三十一日に、クラス対抗のお化け屋敷大会をするの」

「お化け屋敷大会？　へぇ、変わってる！」

「七峰小の伝統なんだ。むかし小学校のあった場所で、たぬきの化かしあいがあったんだって。その民話を再現してるって先生がいってた」

「おもしろーい。学校によっていろいろあるんだねぇ」

ふたりでたこ焼きを食べたあと、かき氷を食べて、わなげをした。メグはわなげもじょうずで、いっぱつでかわいい犬のぬいぐるみにひっかけた。

こういうのって運動神経が関係あるのかな。メグは三個もとったけど、わたしはぜんぜんだめで、最後にやっと小さい汽車のキーホルダーがとれただけだった。でもメグが「すごい！　やったね」とぱちぱち拍手してくれたので、一番じょうとうの景品をもらった気分になれた。

最後にラムネを買って、階段にすわっておしゃべりしたら、もう帰る時間になっていた。

「わたし、そろそろ帰らないと」

そういって立ちあがると、メグもしぶしぶ腰をあげる。

「そっか……じゃあ、バイバイだね」

メグもちょっと残念そうなのがうれしかった。ダメもとできいてみる。

「あのさ、明日の夕方もいっしょに遊ばない？」

「え？　う～ん、明日は家族でごはんを食べにいくからなぁ」

「そっか。じゃあ、もしできたらでいいよ」

メグは日焼けした顔でにっかり笑って、「またね」といってくれた。わたしも笑って「またね」と返す。「またね」って、いい言葉だなぁと思った。また会いたいねっていう、前むきな気持ちがこめられていて。

帰りぎわ、ラムネの屋台のおじさんが、からあげ屋のおじさんと話しているのがきこえた。

「いやぁ～、やっぱり祭りはいいねぇ。六色町の夏には、にじ姫さまのお祭りがないと」

「七年ぶりだからなぁ。これからは毎年できるといいんだけど」

わたしは思わず声をかけていた。「おじさん、このお祭りって七年ぶりなんですか？」

ラムネ屋のおじさんは、ちょっとおどろいた顔をしたあとうなずいた。

「ああ、そうだよ。七年前の夏までは毎年あったんだ」

七年前の夏というと、わたしはまだ三歳だった。

「あの、なんでそれから開かれていなかったんですか？」

「そうか、じょうちゃんは知らないのか。じつはその年にちょっと事故があってね。それで、次の年から開けなくなってしまったんだ」

おじさんがこまったように視線を泳がせながらいう。からあげ屋のおじさんも、悲しそうに首をふった。

「かわいそうだったな、あの事故は。もう思い出したくないよ」

事故。いったいなにがあったんだろう。

気になったけど、わたしにとってはお祭りが復活したことのほうが大事だった。メグにも会えたし、やっぱりお祭りって楽しい。ほんとに、これからは毎年あればいいのに。

翌日、三日ぶんの宿題を夕方までに終わらせて、六色神社まで急いだ。

五時すぎの神社はまだ明るくて、最終日のせいかすごい人出だ。満員電車みたいな境内をぐるぐる走りまわってさがしたけど、メグはどこにもいなかった。

やっぱり、こられなかったのかな。

あたりが暗くなりはじめ、あきらめて帰ろうとしたとき、金魚すくいの屋台でメグを見つけた。最初に会ったときとおなじアサガオの浴衣で、メグは金魚をねらっていた。

「メグちゃん！」

うれしくなってかけよると、メグはすっと顔をあげてほほえんだ。

「よかった。また会えたね」

うれしそうに笑うメグを見て、わたしはあれ？　と思った。きのうあんなに日焼けしたのに、メグの顔は真っ白で赤みひとつない。それに、髪の毛がまた長くなっている。

赤い花かざりで束《たば》ねられたメグの髪を見て、わたしは思いついた。あ、そうか。ウィッグを使っているんだ。お姉ちゃんが体育大会のダンスでつけてたようなやつ。浴衣にあわせてそこまでおしゃれするなんて、すごいなぁ。元気いっぱいなメグが、ウィッグをつけるとちょっとおしとやかに見えるのもおもしろい。

それからは、最初の夜みたいにメグに手をそえてもらったり、あたらしいコツをおしえてもらったりしながら、金魚すくいを楽しんだ。

「うふ。こんなにとれた。メグちゃんのおかげ」

わたしがいうと、メグは小首をかしげるようにしてほほえむ。その仕草《しぐさ》がまたかわいくて、どきどきしてしまう。

「今日でお祭りも終わりかぁ。なんかさびしぃね」

ふう、とため息をついてしまった。明日からはまた学校だ。夢みたいなお祭りの時間も、あとすこし。

「ほんとだね。このままずっと、終わらなければいいのにね……」

メグも、どこか遠い目をしてつぶやく。

このきれいな横顔を、つれて帰って自分だけのものにしてしまいたい。

とつぜん強い感情が胸にわきおこって、自分でもとまどった。

明日からはもう、メグに会えなくなる。夏休みになったらメグはクラスの友だちとわいわいいながらお化け屋敷の準備をして、わたしのことなんてすぐにわすれてしまうのだろう。きのう会ったときみたいに。

そんなのいやだ。ぜったいにいやだ。

けれど、帰る時間は近づいてくる。

「わたし、そろそろいかないと」

小さい声でいうと、メグも「そっか」といって立ちあがった。

「あのさ、また会えるかな」

「どうかな……。わからない」

「え？」

会えるよ、またいっしょに遊ぼうよ、という言葉がかえってくると思っていたのに、メグはこまったようにうつむいている。きゅう、と胸がしめつけられた。

それって、約束をしてまでわたしと会いたいわけじゃないってこと？　もっと会いたい、もっとなかよくなりたいって思っていたのは、わたしだけだったってこと？

泣きそうになるのをぐっとこらえていう。

「わかった。それじゃ」

「うん。それじゃ……」

背中の後ろで、メグの小さな声がする。その声が、ごめんねっていっているような気がした。

けれどわたしはふりかえらずに、玉砂利をけりつけるようにして神社をあとにした。


夏休み前日。

教室の大掃除をしていると、おさななじみの紗枝《さえ》がじとーっとした目でいった。

「やっぱ、あれだよねぇ。調べ学習が一番めんどくさいよねぇ」

夏休みの宿題で、「むかしのことを調べよう」という課題が出たのだ。

「うん、まあ、そだね」わたしがいうと、紗枝はぽん、と手をたたいた。

「ねえ、茜。明日、いっしょに調べ学習をすませちゃわない？」

「えっ？　明日？」

「そう。こういう宿題って、あとまわしにすればするほどしんどいじゃん」

「うーん……」

明日は夏休み初日だし、ほんとうはのんびりしようと思っていた。でも、ここは紗枝の勢いにのっかって、先に課題をすませてしまうほうが楽かもしれない。だいたいむかしから、しっかり者の紗枝にあわせていればまちがいはないのだ。

「よし、わかった。やろう」

「じゃあ、朝十時にうちに集合ね」

「オッケー」

そこに、花《はな》とユカがやってきた。ふたりは中庭の掃除当番だったんだけど、早く終わったのか、終わらせたのか。

「ねえねえ、きいて。わたしきのう、すごいもの見ちゃった」

花が、小鳥みたいに両手をふりまわしていう。

「えー、なになに？」

とりかこむわたしたちの顔を得意げに見まわすと、花はいった。

「あのね、塾の帰りに、お母さんの車にのってたらね」

「うん」

「商店街の路地のとこで、男どうしのカップルがキスしてたの！」

「えぇっ。気持ちわるっ」ユカがそくざに顔をしかめる。

「ああいう人たちって、テレビのなかだけじゃなくてほんとにいるんだねぇ。わたし、びっくりしちゃった」

鼻をふくらませる花に、ユカが両手でバッテンをつくる。

「わたしはそういうのダメ」

「え～、でもさ、見ためがきれいならゆるせる気がしない？　タカラヅカだって女どうしだけど、すごくきれいだよ」

花の家はお母さんにお姉ちゃん、おばあちゃんまでみんなタカラヅカが好きなのだ。けれどユカは無理むり、と手をふった。

「あれは演技じゃん。それにわたしは男どうしでも女どうしでも無理。なんか不自然すぎて、鳥肌たっちゃう」

胸のおくがズギン、と痛んだ。

またださ。足もとにぽっかり穴があいて、わたしだけが落ちていくかんじ。

『気持ちわるっ』

『わたしはそういうのダメ』

『不自然すぎて、鳥肌たっちゃう』

前にもおなじようなことがあった。たしか、小三の終わりだったと思う。自分はどうやら、まわりの子たちとはちがうみたい。そうはじめて気づいたとき。

クラスの男子が、べつの男子を『ホモ、ホモ』といってからかった。なかのいいふたりが、いっしょに音楽室いこうとか、そういう話をしていただけのことだったと思う。あんまりしつこくからかうので、近くにいた女子が『やめなよ』というと、その男子はいった。

『なんだよ、おまえ、レズかよ』

『さわるな。レズがうつる』

痛みのあるもやもやが、心にざっと広がった。

だってわたし、小さいころから女の子しか好きになったことがない。胸がどきどきしたり、いっしょにいたいとか、ふれてみたいって思うのは、いつも女の子だ。

それっておかしいことなのかな。

病気なのかな。

人にうつったり、うつされたりするのかな――。

だれかにきいてみたいと思ったけど、同時に、だれにもいっちゃいけないとも思った。

「はいは～い、そんな話はいいからさ」

紗枝が、ぱんぱん、と手をたたいていった。

「掃除そうじ。あんたらも手伝いなよ。どうせ中庭掃除さぼったんでしょ」

ふたりに号令をかけて、机をはこばせる。

紗枝は裏表がなくてさばさばしてるから、みんなから好かれている。そんな紗枝が友だちでいてくれることに、わたしはいつも感謝している。

でも紗枝も、わたしが女の子を好きだって知ったら、「気持ちわるい」って思うのだろうか。

調べ学習は、なかなか進まなかった。

「おじいちゃんとおばあちゃんに、むかしの生活についてきくっていうのはどう？」

わたしがいうと、「うちは早くに亡くなっていないの。お父さんのほうは九州だし」と紗枝がいってあっさりボツ。

「歴史上の人物について調べるのは？　図書館で本を借りてきとうにうつす！」

という紗枝のすばらしいアイデアは、ふたりともこれといった人物がうかばずボツ。そもそも歴史をあんまり知らないのだから、無理がある。

結局ポテトチップスと時間ばかりがへっていき、いい案はなかなかうかばない。

集中力がとぎれてきたころ、知らない男の人がリビングに入ってきた。ぼさぼさ頭に黒ぶち眼《め》鏡《がね》、年は四十歳くらい。

「おや？　いきづまってるね」

「あ、おじさん。そうなの。きのう話した調べ学習」

紗枝はそういったあと、「だれ？」と目できくわたしに紹介してくれた。

「わたしのおじさん。お母さんの弟で、六色大学の先生をしてるの。ときどきごはんを食べがてら泊まりにくるんだ」

男の人は「こんにちは」とにっこりする。笑うととても若々しい表情になって、おじさんというよりお兄さんというかんじだ。

「山根《やまね》です。よろしくね。ふうん。むかしのことならなんでもいいのか。たしかに、そういわれるとかえってむずかしいなぁ」

山根先生は課題のプリントを手にとると、あごをさすった。

「おじさん、なにかいい案ない？」

紗枝がなげやりな表情できくと、おじさんはしばらく考えたあと、こういった。

「もしよかったらだけど……にじ姫さまについて調べてみるっていうのはどう？」

「にじ姫さま？」紗枝とわたしは、声をそろえた。

「そう。六色神社にまつられている神さまだよ」

もちろん知っている。にじ姫さまは、まだこのあたりが山ぶかい里だったころから六色山に住んでいる神さまだ。いろいろなすがたで現れては村人を助けてくれるといういい伝えがあって、民話の絵本にもなっているから、この町の子どもは小さいころから親しんでいる。

「息子を亡くしたおばあさんが泣いていたら、にじ姫さまが若者のすがたになって現れて、いっしょに暮らしてくれたっていう話があったよね」

紗枝が、民話のひとつをひろうする。こういうエピソードがひとつずつ冊子《さっし》になった小さい絵本があって、役場や図書館にいくと無料でもらえるのだ。

「おじいさんが底なし沼にはまりそうになったとき、死んだ愛犬のすがたで助けてくれたっていうのもあった」

わたしも、一番気に入っていた話を思い出した。山根先生はうれしそうにうなずく。

「ふたりともよく知ってるね。じつは今年は、そのにじ姫さまが七十年ぶりに天から降りてくる年だといわれているんだ」

「七十年ぶり？」

「うん。ほら、今年は六色神社のお祭りがひさしぶりに復活しただろ？　あれは七十年ぶりの大祭の年だってことで、地元の人たちからの強い要望があったからなんだよ」

そっか……。長年ひらかれていなかったお祭りが復活したのには、そういうわけがあったんだ。

わたしは頭のなかで、ナルホドなぁとうなずいた。

「じつはね、にじ姫さまが天から降りてくると、人々のねがいがかなうといわれている」

「えぇ～っ」

びっくりして、紗枝と完全にハモった。ほんとうだろうか。ほんとうならすごいチャンスだ。

七十年に一度ってことは、一生に一度ってことだもん。

「にじ姫さまのことを発表するなら、ぼくの研究室に資料がたくさんあるから、好きなだけあげるよ」

「やったぁ！」紗枝といっしょに両手をあげようとしたとき、

「い、け、ま、せん！」

リビングのドアのところから声がした。見ると、足もとに洗濯かごをおいた紗枝のお母さんが両手を腰にあてて立っている。

「敬明《たかあき》。あんた、子どもにラクすることおしえてどうするのよ。にじ姫さまはあんたの専門なんだから、そりゃ資料もあるでしょうけどね。それ、この子たちが調べたっていえるの？」

「あ……そうか。ごめん」

鬼のお面みたいな顔になったおばさんにおこられて、山根先生はしゅんと肩を落とした。

残念。おもしろそうだし、かんたんにできそうだと思ったのに。

おばさんが洗濯ものをほしにいったあと、山根先生は「すまない。にじ姫さまのこと、君たちのクラスの子にも知ってもらえるチャンスだと思って、ついね」といってぺこりと頭をさげた。

「おわびといってはなんだけど、ひとつ、アイデアを思いついた。たとえばだけど、自分の生まれた日に世界でなにが起きていたかを調べてみる、ていうのはどうだい？」

「自分の生まれた日に、世界でなにが起きていたか？」

紗枝と顔を見あわせた。

「そう。図書館にいって、誕生日の新聞を見せてもらうんだ。きっとおもしろい発見がある」

山根先生はそういって、自信ありげにうなずいてみせた。

そのあと山根先生は、むかえにきた男の人といっしょに帰っていった。長めの髪にパーマをかけた、とてもきれいな男の人だった。瑞樹《みずき》さんという美容師さんで、東京のファッションショーでヘアメイクの仕事をして帰ってきたところだという。

紗枝の家にはいろんな人がくるんだなぁと、わたしは感心してしまった。


さっそく、紗枝といっしょに六色町立中央図書館にやってきた。

「この『しゅくさつばん』っていうの、めちゃくちゃ重いね」

紗枝が顔をしかめていう。「縮刷版」というのは、Ａ４サイズに縮小コピーした新聞を、一か月ぶんまとめて本にしたものだ。

「うわ～、字、ちっちゃ！」さっそく開いたわたしも、目をぱちぱちさせてしまった。

新聞ってただでさえ字がぎっちりつまって読みづらいのに、それを縮小コピーしているのだから、目がおかしくなるのもあたりまえだ。それでもなんとかがんばって、それぞれの縮刷版をめくる。

二〇××年十月二十七日、わたしの誕生日。

開いたページに目をこらし、記事をひろっていく。

英会話教室をしていた大きな会社が倒産したこと、プロ野球の日本シリーズの結果、ヘリコプターのつい落事故——。

いろいろ書いてあるけれど、おもしろいと思える記事はなかなか見つからない。紗枝を見ると、こっちもむずかしい顔をしている。

「この〇〇首相ってさあ、いまとおなじ人だよね？　このころからずっとソーリダイジンしてるの？」

外国のことが書いてある面も見てみたけど、それまでの話の流れがわからないから、その記事がいいことなのかわるいことなのかもわからない。

「新聞って、やっぱりむずかしいね」紗枝がため息をついた。

まったく同感だ。こんなものを平気な顔をして読むおとなたちは、わたしたち子どもとはなにもかもがかけはなれている気がする。自分もいつかそうなれるだろうか、と想像してみたけれど、とてもなれそうな気がしなかった。

「これさ、コピーして持って帰って、あとはおとなに手伝ってもらってインターネットでいろいろ調べたほうがいいかもね」

結局紗枝がそういって、役にたちそうなページだけをコピーして帰ることになった。こうなると、今日じゅうに終わらせるのは無理だろう。

けれど、世の中というものはまだまだ自分たちの知らないことだらけなんだ、ということがわかっただけでもよかった気がした。新聞に書いてあることがわかるようになるには、もっとたくさん本を読んだり、ニュースを見たりしないといけないんだろうなぁ、とぼんやりかんじたことも。

「あのさぁ、茜」紗枝が、いすの背にもたれていった。

「おじさんが、だれにでも話していいよっていってたからいうんだけど……。さっきおじさんをむかえにきた、瑞樹さんさ」

「うん」

「おじさんの恋人なんだ」

「ぐぇっ？」

カエルみたいな声が出てしまって、あわててまわりを見まわした。胸がどきどきしてくるのをかんじながら、声のボリュームをさげてきく。

「あの、……恋人って？」

紗枝はちらとこっちを見てから、視線を落とす。

「きのう、花やユカが、同性愛は気持ちわるいっていってたじゃん？」

「……うん」

「あのときわたし、じつはちょっとムカついてたんだよね」

紗枝は、そこにいないユカたちをにらむように前を見た。

「だって、おじさんも瑞樹さんもすごくいい人だよ。仕事だってちゃんとしてる。好きになるのが同性ってところがちょっとめずらしいだけで、へんでも気持ちわるくもない。それをさぁ、なにも知らないくせにあんなふうにいうのって、どうかと思う」

ぎゅっと心臓をつかまれた気がした。

好きになるのが同性ってところが、ちょっとめずらしいだけ――。

「うちのお母さんもいつもいってるよ。男の人が男の人を好きになっても、女の人が女の人を好きになっても、べつにおかしいことじゃないって。だれにだって、自分の心に素直に生きるケンリがあるって」

だれにだって、自分の心に素直に生きるケンリがある——。

小さな勇気の炎が、心にぽっとともった気がした。なにより紗枝がそんなふうに考えていることがわかっただけで、すごく心強い。

思いきって、小さな声でいってみた。

「あのさ……、わたしももしかしたら、女の子のほうが好き、かも……」

すると紗枝は、いつもとおなじ目でわたしを見ていった。

「あ、知ってる」

「え？」

「たぶんそうなんだろうなって思ってた。だって、小さいころ初恋の人の話をしたとき、茜いってたもん。アサガオの浴衣を着たお姉さんだって」

わたしはおどろいて、紗枝の顔を見つめてしまった。

「わたし、そんなこといってた？」

「うん。たしか幼稚園の年長さんか、小一くらいのときだったと思うけど」

アサガオの浴衣を着たお姉さん？

頭にメグの顔がうかんだ。遠い記憶のなかに、水色の浴衣を着たやさしいお姉さんの面影《おもかげ》がうかぶ。いわれてみれば、お祭りで会ったそのお姉さんに強くあこがれていた記憶がある。いまのいままですっかりわすれてしまっていたけど。

もしかしたら、わたしはメグちゃんのなかにそのお姉さんの面影《おもかげ》を見ていたのかな……。

「これさぁ、新聞のコピーをそのまま模造紙にはって、感想を書くだけでもおもしろいかもね」

紗枝が、さっきまでの話なんてべつになんでもない、とでもいいたげに話題を変えた。

「ほら、たとえば、自分の生まれた日に亡くなってる人がいる」

紗枝は、夕刊の社会面に小さく書かれた記事を指した。

『詩人のやまもと照美《てるみ》さん（本名佐々木《ささき》照美さん）が、入院先の病院で死亡した。三十五歳。夫はニュースキャスターの佐々木雄太郎《ゆうたろう》氏。やまもとさんは長女を出産後に乳がんが発覚し、闘病《とうびょう》を続けていたが――』

「こういうのを見ると、なんかくるものがない？　自分の誕生日に、いれちがいみたいに亡くなった人もいるんだなぁって……」

紗枝はそういってから、ぱっと顔をかがやかせた。

「そうだ。わたし、このやまもと照美さんのこと調べてみようかな」

「この詩人の人？」

「うん。だってちょっと運命をかんじるんだもん。生まれかわり、てわけでもないけどさ」

「なるほど……」

あいづちをうちながら、頭ではちがうことを考えていた。

そうか。自分の気持ちに素直になってもいいんだ。

胸のおくからなにかがとけだしていく。幼いころの自分が、ようやく自由になれたみたいに心のなかによみがえってくる。記憶のなかのお姉さんのすがたがはっきりしてきて、けれどそれがやっぱりお祭りで会ったメグなのがふしぎだった。

「よし。わたし、一階でやまもと照美さんの詩集を借りて帰る。茜はどうする？」

紗枝がぱたんと縮刷版を閉じていった。

「あ、えっと……」わたしは頭を現実に引きもどしながら、自分が開いていたページを見た。

『○×高速で玉つき事故――』

事故かぁ。そういえば……。

『七年前にちょっと事故があってね。それで、次の年から開けなくなってしまったんだ』

『かわいそうだったな、あの事故は。もう思い出したくないよ』

あのときいってた事故って、なんだったんだろう。

「……紗枝、わたし、もうちょっと調べものしてからおりる」

「わかった。じゃあ、あとでね」

わたしは紗枝のぶんも縮刷版をひきうけて、ウンウンいいながら受付にはこんだ。お姉さんに、こんどは七年前の七月の縮刷版をおねがいする。

ふたたびぶあつい縮刷版を開いたわたしは、その記事を見つけた。そしておどろきのあまり、息をのんだ。

七年前の七月二十二日夕刊。そこに、メグがいた。


「お母さん、お母さん！」

家に帰るなり、台所にいるお母さんのところへむかった。

「ああ、お帰り。調べ学習とやらは終わったの？」

「あのね、あの、これ、これ見て」

図書館でコピーしてきたその記事を、ダイニングテーブルに広げる。

「なあに?」

七年前の七月二十二日。ひとりの女の子が、七峰町で息をひきとった。

この六日前、六色神社でひらかれた夏祭りで、串焼きの屋台から出火し、まわりの屋台五店が燃える火事があった。火は数時間後に消しとめられたが、何人かの来場者が重い火傷《やけど》をおった。そのうちのひとりだった小学五年生の女の子が、この日亡くなった。

記事にはそう書かれ、女の子の顔写真がそえられていた。にっこり笑った左ほほに、愛らしいえくぼがうかんだ女の子。高木恵さん、と書かれたその子は、まぎれもなくメグだった。

「そうか。茜はおぼえてないのね」

お母さんはダイニングのいすに腰をおろして、わたしを見た。

「その女の子と茜、しゃべっていたのよ」

「え……?」

七年前、わたしがメグとしゃべっていた?

お母さんによると、七年前のお祭りの日、高木恵さんは、串焼き屋台の横で金魚すくいをしていたそうだ。三歳だったわたしは、たまたま恵さんのとなりにいたという。恵さんは「かわいい」とよろこび、小さなわたしの手をとってすくいかたをおしえてくれた。

お母さんの話をきいているうちに、まるで激流《げきりゅう》が流れこむように、わすれていた記憶がよみがえってきた。

お姉さんが「そっちは鉄板が近いから暑いでしょ」といって場所をかわってくれたこと。金魚の袋を持って帰るとき、「バイバイ」と手をふってくれたこと。そのすぐあとに爆発が起き、境内が大さわぎになったこと。

ああ、そうだった。わたしはあの日――。

「お母さんもおどろいたわよ。まさか、あのときの女の子が亡くなってしまうなんて」

ひとごととは思えず、お母さんはわたしをつれてお葬式にもいったそうだ。わたしは、祭壇《さいだん》にかざられたメグの写真が、なぜだかひどくおとなっぽく見えたことを思い出した。

その夜。わたしは、カレーも食べずに子ども部屋にひきこもった。

お姉ちゃんが「え、茜がカレーを食べないなんて、明日は雪でもふるんじゃない?」とかいってきたけど、無視した。

メグに会いたい。もういちど、メグに会いたい。

強い思いで、胸がはちきれそうになる。また会えるかな、ときいたとき、「どうかな……。わからない」といってうつむいたメグの顔がうかぶ。あのときは、たいしてわたしに会いたくないから「わからない」なんていうんだ、と思ってしまったけど、そうじゃなかった。

メグはきっと、ほんとうにわからなかったんだ。なぜならメグは、七年ぶりに神社にひびいた祭りばやしにさそわれて、現れてしまっただけだったんだから。だからまた会えるかどうか、ほんとうにわからなかったんだ。

それなのにわたし、とても冷たく背をむけてしまった。舌のおくに後悔のにがみが広がって、涙があふれてくる。

「ごめん。ごめんね、メグちゃん」

ベランダに出て、もの干しざおの下でひざをかかえた。

お祭りでいっしょに金魚をすくったメグ。たこ焼きを食べて笑いあったメグ。最後の夜に「よかった。また会えたね」といって、うれしそうに笑ってくれたメグ――。

あの日のメグのすがたが頭にうかぶ。わたしはそれをていねいになぞって、記憶に焼きつけようとした。もうけっしてわすれないように。たとえ世の中の人がメグをわすれてしまっても、わたしだけはおぼえていられるように。

けれど、そうしてメグのことを考えるほど、思い出されるのは別れぎわの自分のひどい態度や、「ごめんね」といっている気がしたメグのかぼそい声だった。

わたし、とりかえしのつかないことをしてしまった。もう会えないかもしれないのに。あの日が最後だったかもしれないのに――。

しゃくりあげる声が家族にきこえないように、スカートに顔をうずめた。Tシャツのそでをひっぱって、おく歯でかみしめる。流れる涙と鼻水で、服も顔もぐしゃぐしゃになっていく。

どれくらいたっただろう。

ぼんやりと星空をながめていると、ふしぎな光が動いていくのが見えた。

赤、黄、緑、青……。光はぼわん、ぼわんと色を変えながら、六色山のほうへむかっていく。

あれ、なんだろう？

目をこらしてもういちど見る。飛行機ではない。もっと近くを飛んでいるように見える。ＵＦＯ？　それにしては動きがゆっくりで、まっすぐに飛んでいく。それに、にじみたいに色が変わって……。

「まさか！」

山根先生の言葉が、頭にうかんだ。

翌朝早く、わたしはひとりで家を出た。

田んぼのあいだを自転車で走りぬけ、赤い大鳥居をめざす。六色神社へはここから、アスファルトの上り坂を三キロほど歩かなければならない。

早く、早く。

あせって、足がどんどん前に出る。お祭りのときより、谷川の音が耳にひびいた。透明な水が流れる音にあわせて、はっ、はっとテンポよく息をはく。神社につくと、まっすぐにじ姫さまの祠《ほこら》にむかった。

山の空気はつめたかったけれど、たっぷり汗をかいていた。ハンカチで汗をぬぐい、息がととのうのをまって、ぱん、ぱんとかしわ手を打つ。

「にじ姫さま、どうか、わたしのねがいをきいてください」

祠にむかって手をあわせ、目を閉じる。

七十年に一度、天から降りてきたにじ姫さまは、人々のねがいをかなえてくれる。それがほんとうなら、どうかこのねがいをかなえてほしい。

メグに会いたい。

もう一度だけ、メグに会いたい。

おねがいします、にじ姫さま。

メグのすがたを思いえがいて、けんめいに祈る。

しばらくして目を開けると、あたりに白いもやが立ちこめていた。境内に植えられた木々がうっすらとしか見えない。すこしはなれた場所にある拝殿も、白い空気にぬりつぶされてしまった。

こんなこと、はじめてだ。

ぼんやりとあたりを見まわし、ふたたび前をむいたとき。

メグが立っていた。

あの日のままの、アサガオの浴衣すがたで。

長い髪がさらさらとゆれ、赤い帯をなでている。左のほほにえくぼをうかべて、また会えたねっていいたげに、わたしにほほえみかけている。

「あ……」

とっさに言葉が出なかった。おどろきとうれしさで、胸が爆発しそうになる。

メグちゃん……！

伝えたい気持ちがあふれて、頭のなかがいっぱいになる。でも、急がないともやが消えてしまう。なんとか心をなだめて、半歩だけふみ出した。

「メグちゃん、ごめんね。わたしこの前、ひどい別れかたして……」

メグは、やさしい顔のままわたしを見つめている。

「わたし、気づかなかったんだ。前にも会っていたなんて。わすれちゃっててごめんなさい。思い出すのがこんなにおそくなって、ごめん。わたし、あの日からずっと、ううん、はじめて会った三歳のときから、ずっとずっと……」

メグはじっとわたしを見つめていたけれど、最後にくしゃっと、それはうれしそうに笑った。いままで見たなかで、一番かわいい笑顔だった。

けれど次の瞬間、メグはもういなくなっていた。メグがいたはずのその場所で、小さな葉っぱがまっていた。気づけばもやもすっかり晴れて、木々も拝殿もくっきり見える。

いっちゃった……。

わたしは、にじ姫さまの祠を見た。苔《こけ》むした小さな祠に、うっすらとご神体《しんたい》がほられている。

「茜ちゃん？」

背中の後ろで声がした。

「え？」

ふりむくと、ひとりの女の子がこっちに歩いてくる。わたしはわけがわからなくなって、目をぱちぱちさせてしまった。

なぜって、その女の子がメグそっくりだったからだ。

「どうしたの？　お祭りのときいっしょに遊んだの、もうわすれちゃった？」

女の子はすぐそばまでくると、肩までの髪を勢いよくはらい、首すじの汗をぬぐった。

「茜ちゃん、今日はなにしにきたの？　わたしはお花をそなえにきたんだ。ほら、あそこ」

日焼けした腕をのばして、参道のほうを指さす。

「今日はお姉ちゃんの命日なの。七年前にここであった事故がもとで、死んじゃったんだ。わたしは三歳だったから、よくおぼえてないんだけど」

女の子はぺろっと舌を出す。その右ほほに、ぽくんとかわいいえくぼがうかぶ。

「あの、えっと、あなた、名前……？」

しどろもどろにきくわたしに、女の子はきょとんとしていった。

「わたしの名前？　高木芽久《たかぎめぐ》だけど。なに？　いまさら」

「あの、ごめん、じゃあ、その、お姉さんは……？」

「お姉ちゃんは高木恵《けい》。わたしと顔はそっくりだったけど、性格はぜんぜんちがったってお父さんとお母さんによくいわれる」

わたしは三日間のお祭りのあいだ、髪の長いメグと、短いメグに会ったことを思い出した。髪が短くて元気いっぱいだったのが芽久。そして、長くてふんわりやさしかったのが……。

「ねえ茜ちゃん、また会えたらいおうと思ってたんだ。あのさ、来月うちのクラスのお化け屋敷見にこない？　だれでも見にきていいんだって」

「お化け屋敷……」

「そう。ね、だから、連絡先交かんしよ？」

「うん……」

胸がいっぱいになって、うまく笑うことができない。

こみあげてくるものを必死にこらえながら、にじ姫さまの祠を見た。

遠いむかしにほられたのだろうご神体は、もう人型なのかもわからない。けれどわたしには、その顔が笑っているように見えた。

だいじょうぶ、だいじょうぶ。

思いのままに、さあ、進め。

そう、わたしの背中をおすように。

神かくし

このあたりではむかしから、よくあったことらしい。

悪代官が行方不明になったり、家族に暴力をふるっていた男が山から帰ってこなくなったり。

そのたびに村人たちは、「にじ姫さまがおかくしになってくれた」といってよろこんだんだって。

神かくし。

この現象を、村人たちはそうよんだ。

いなくなった人たちはもどってきたりこなかったり。もどってきたときは、きまって別人のようになっていたとか。

まあとにかくこれから話すのは、おれたちがこの夏経験した、ちょっとふしぎな出来事だ。

◆

夏休み初日のことだった。

見たこともない光が、夜空にとつぜん現れた。

そのときおれは塾の自転車おき場にいて、おなじクラスの掛井《かけい》ひろむと橘光喜《たちばなこうき》の話をしていた。

「光喜のやつ、今日も休みだったな」

おれがつぶやくと、ひろむも目がやたらでかく見える眼鏡《めがね》に手をやってうなずいた。

「かぜにしては長いよね。どうしたのかな」

中三のおれたちのクラスでは、この日夏期講習がはじまった。講師たちは「この夏が勝負だからな」と耳タコな台詞《せりふ》をくりかえし、うんざりしたおれはとちゅうで数学講師の口まねをして、クラスの爆笑をさらった。でも、そこに光喜のすがたはなかった。

光喜はおれなんかとは頭のデキがちがうから、すこしくらい休んでも問題ないんだろうけど、まるまる一週間休むなんてはじめてだ。なにかあったのだろうか。

「あれ、なに?」

「UFOじゃない?」

ほかのクラスのやつらの声がきこえて、ひろむとおれは空を見た。

たしかにおかしな光だった。飛行機ではない。隕石《いんせき》や流れ星ともちがう。よく見ると、赤、黄、青とグラデーションみたいに色を変えながら、空をまっすぐ進んでいく。

「ヘリコプターでもなさそうだな。……ほんとにＵＦＯだったりして？」

冗談のつもりでいうと、ひろむの眼鏡がきらりと光った。

「六色山《ろくしょく》にむかってる……」

つぶやくや、自転車のむきを変えて勢いよくこぎ出す。

「え？　おい、ちょっとまてよ！」

あわててひろむを追いかけながら、おれは思い出した。そういえばこいつは宇宙人とかＵＭＡ《ユーマ》（謎の未確認生物）とか、そういうあやしい話が大好物なんだった。

もうれつなスピードで自転車をこぐひろむを追って、駅前商店街を走りぬける。仕事帰りのおとなたちが、あわててとびのいて道を開ける。おれは「すみません、すみません」とあやまりながら、どんどん小さくなるひろむの背中を追いかける。

「おまえなぁ、その夢中になるとてんでまわりが見えなくなるとこ、どうにかしろよっ」

遠い背中に毒づきつつ、まっ暗な県道をひたすらこぐ。登山口の大鳥居が見えてきたとき、

「あっ」と声をあげてひろむが急ブレーキをかけた。

「お、おい、どうしたんだよ」

おれも急いで自転車をとめる。

ひろむは自転車をおりると、この世の終わりみたいな顔をしていった。

「パンクした……」

「ぶっ」

わるいと思いながらも、思いきりふき出してしまった。こいつには、どうもこういう間のわるさがあるのだ。たぶん目の前にツチノコが現れても、七峰川《ななみね》にネッシーが現れても、おなじようなへまをしてチャンスをのがしてしまうのだろう。

見あげると、光はマイペースに飛んでいた。このまま六色山にぶつかるんじゃないかと思ったとたん、ふっと消えた。

「……六色山に不時着したのかな」

「さあなぁ。ま、今日のところはひきあげようぜ。腹へったし」

おれがいうと、ひろむもしぶしぶ自転車のむきを変える。

ハンドルをにぎりなおしたとき、視界のすみで黒い人影が動いた。おれたちの横にあった「ふれあい遊園地」という公園だ。

だれかいる。

おれは、とっさに植えこみの後ろにかくれた。

「徹《とおる》、どうしたの？」

首をかしげるひろむの手をひっぱって、となりにしゃがませる。

人影はふたりだった。がっしりした中年男と、小がらでほそい女の人。よく見るとふたりは強くだきあって、唇《くちびる》をくっつけあっている。

きゃーっ！

心臓がバクバクあばれはじめる。すげえ、ほんもののキスシーンだ。

そのまま息をひそめて、じっと観察した。なぜって？　……その、気になるじゃん。健全な中三男子としては。

男は乱暴に相手を引きはがすと、体のむきを変えて、もう一度だきしめた。そのとき、相手の顔が見えた。

「えっ？」

おれは自分の目をうたがった。まさか。いくらなんでもそんなはずないよ。目をこすってもう一度見る。けれど街灯に照らされたその顔は、やっぱりあいつだ。

「……光喜」

「あれえっ？　光喜？」

ひろむも気づいたらしく、雪男に会ったみたいな顔をしておれを見た。

「うい～っす」

次の日。授業がはじまる直前に、光喜がすがたを現した。

入り口近くのやつらに「おう、ひさしぶりじゃん」と声をかけられたあと、まっすぐおれのところにむかってくる。

「おう、徹。ちょっと先週からかぜひいちゃっててさぁ。休んでた間のノート、あとで見せてくれない？」

「お、おう」

「あれ？　今日は酢こんぶ休み？」

ひろむのことだ。ひろむはしょっちゅう酢こんぶをくちゃくちゃやっているので（そうすると頭がさえるらしい）、光喜の中では「ひろむ＝酢こんぶ」という図式ができあがっている。

「う、うん、そうみたいだな」

おれは光喜と目をあわせることができず、視線を泳がせながら答えた。光喜は「ん？」とへんな顔をしたが、「じゃ、あとで」といって自分の席に歩いていった。

どうもいけない。おれのなかで気持ちの整理がついていない。

ずっとそんな調子だったので、授業が終わったあと、光喜がおれにつめよってきた。

「徹、おまえ、今日ちょっとおかしいぞ。なにかいいたいことでもあんのかよ」

おかしい？　おかしいのはどっちだよ。おまえのほうこそ受験勉強のストレスでどうにかなっちゃったんじゃないの？

口をついて出そうになった言葉を、ぐっと飲みこむ。

「あのさ、ちょっといい？」

おれは光喜の腕をひっぱると、塾を出て、人気《ひとけ》のない送迎バスのり場までつれていった。

「あのさ、……おれ、見ちゃったんだ」

「なにを」

ちらと光喜を見る。やわらかそうな天然パーマの下で、切れ長の目が光っている。光喜は頭だけでなく顔面もいいから、女子にモテる。その話、いまは関係ないけど。

「おまえがふれあい遊園地で、その、男とキス……してるとこ」

うかがうように顔をあげると、光喜がにらみつけるようにこっちを見ている。

思わず目をそらした。

なんだよ、そんなこわい目で見るなよ。

アディダスのスニーカーで地面をけりながら、光喜の足もとを見た。黒いプーマが小きざみにゆれている。

「……気持ちわるいなら、そういえよ」

「え？」

顔をあげると、光喜が肩をふるわせながらおれを見ていた。

「気持ちわるいなら、そういえっていってんだよ。あれはネットの地元掲示板でたまたま知りあった男だ。おれは……、ゲイなんだよ」

ネットで知りあった男？

ゲイ？

思いがけない言葉に、たくさんのクエスチョンマークがうかぶ。

え、え？　光喜がゲイ？　それって男が男を好きになるっていう、あれのこと？　女にはきょうみがなくて、そういう相手が男だっていう、いわゆる「オカマ」のこと？

光喜はちょうせん的な目つきになると、口もとに笑みをうかべた。

「気持ちわるいんだろ？　男どうしであんなことしてさ。いいよ。だったらおれのことなんて無視すればいい。気持ちわるいのに無理してつきあう必要なんてないよ」

いいながら、じっとおれを見つめる。もう肩はふるえていない。でも、プーマからのびるあしはやっぱり小さくゆれていた。

「冗談だろ?」

念のためきいてみる。光喜はゆがんだ表情のまま、あきらめたように首をふった。

「ほんとだよ」

「……ごめん、ちょ、ちょっとごめん」

おれは何歩かあとずさると、くるりと光喜に背をむけ、自転車おき場にダッシュした。なぜ自分がそんな行動に出たのかわからない。ただ、いっこくも早くそこから逃げ出したくなったのだ。

そのまま自転車にまたがると、いちもくさんにバスのり場をあとにした。光喜がひとりたたずむすがたが頭をよぎったけど、思いやるよゆうなんてなかった。

家に帰ると、まっすぐ自分の部屋へむかい、ベッドにダイブした。

「ああ～……」枕に顔をうずめて、意味もなく声を出す。

「うう～……」じたばたとあしを動かしてみる。

「むう～……」

エアコンがきいてきたころ、思い出した。先週の、光喜とひろむとの会話だ。

『おまえら、タレントとか女優でいうとだれが好み？』

おれがいうと、ひろむがでかい目をほそめていった。

『ぼくは高木《たかぎ》ゆき子ちゃんかなぁ。「てんとう虫倶楽部《くらぶ》」の』

『あ〜、あのふしぎちゃんキャラね。なんとなくわかる。おれはだんぜん山梨恵梨香《やまなしえりか》だな。ほら、冷え冷えレモンのＣＭの。あんな子がそばにいてくれたら、勉強ももっとがんばれるんだけどなぁ。光喜は？』

『……おれは、べつにだれも好みじゃないかな』

光喜がさめた声でいった。おれは笑いながら光喜をこづいた。

『はぁ？　なんだよおまえ、モーホーかよ』

モーホーかよ。

たしかにおれはそういった。

あの翌日から、光喜は塾を休みはじめた。

「あぁ〜、も〜、う〜……」

これまでは、「オネエ」や「ホモ」「オカマ」といわれている人たちのことを、別世界の人間だと思っていた。男なのに厚化粧をして女言葉でしゃべるタレントたちも、遠い世界の人間だと思うから笑って見ていられた。

けれど自分の本心をさぐると、男どうしでいちゃいちゃするやつらのことは正直気持ちわるいとかんじてしまうし、オネエタレントとよばれる人たちがもし自分にせまってきたら、「うえぇ」といってつきはなしてしまいそうだ。わるいけど、それが本音な気がする。

でも、親友だと思っていた光喜が「ホモ」だと知ったいま。自分は光喜のことを、気持ちわるいとかんじているだろうか。

おれは真剣に考えた。こういうことは頭ではなく、心にきくことが大切な気がする。

はじめて光喜と出会ったのは、中一の春だ。塾に入ったばかりで友だちがいなかったおれは、なんか雰囲気のあるやつがいるなぁ、と思って話しかけにいった。すぐに、見ためとちがってぜんぜん気どったところのない、いいやつだとわかった。

ふたりでつるむようになると、光喜がかなり頭がいいってことがわかった。ただ単に成績がいいだけじゃない。ああいうのは、地頭《じあたま》がいいっていうんだろうか。中一の終わりだったか、おれのパソコンがこわれてしまったとき、光喜はわざわざ家まできてくれて、ソフトをぜんぶ入れ直し、バージョンアップまでさせて完ぺきに直してくれた。こいつすげえ、と思った。

とあるフォルダにかくしてあったおれのひみつのファイルを、だまって復元させてくれていたことに気づいたとき、おれは心の底から「こいつ、親友だ」と思ったのだった。

中二になってひろむが塾に入ってきた。いままで会ったことがないどくとくの世界観の持ち主で、おれたちはひろむをおもしろがったり、ときに尊敬したりしながら、自然と三人でつるむようになっていった。

そんなこんなを思い出してみるに、光喜に対して「気持ちわるい」という感情はまったくわいてこなかった。いままでいっしょにすごしてきた時間があるし、その間にかんじてきた「すげえやつ」「信頼できる」という気持ちのほうが、ずっと勝っている。光喜は光喜だ。そうとしか思えない。

ただなんていうか、さびしい気はした。光喜が自分の知らない世界を持っていて、そこに自分は近づけないことが。でもしばらく考えてみて、ふいにわかった。もしかしてこれって、なかのいいやつに彼女ができて、あんまり自分とつるんでくれなくなるさびしさと、にたようなものなんじゃね？

そう気づくとすっと気持ちが軽くなって、おれはベッドの上で身を起こした。

じゃあさ、光喜は？

『気持ちわるいと思うなら、そういえよ』

そういった光喜の、さびしげな顔を思い出す。バスのり場におきざりにされた、光喜の後ろすがたがうかぶ。

はっとした。光喜はおれが思うよりも、ずっと傷ついているのかもしれない。

自分のしてしまったことの重大さに気づき、おれはがしがしと頭をかきむしった。

「ああ～、ばか！　おれのばか！」

ベッドから下りて机の上のノートパソコンを開くと、ネットで「ホモ」について調べてみた。

ググってみると用語解説みたいなサイトがいくつかヒットしたので、かたっぱしから読んでみる。

「え？　え？　そうなの？」

がくぜんとした。「ホモ」という言葉についてだ。

じつは相手をさげすむ意味あいのある、差別用語なのだそうだ。正しくは「ゲイ」というべきなのだという。ちなみに「オカマ」も、その人が自分でいうならともかく、ほかの人からいうべきではないらしい。

「うお～！　『ホモ』って、いっちゃだめだったんだ！」

おれは机にがんがん頭をぶつけた。

どうすればいい？　どうすれば、おれは光喜と前みたいになかよくなれる？

必死に考えた。考えたけど、おれのしょぼい脳みそでは、いいアイデアなんてひとつもうかばなかった。


翌日、光喜はやっぱり塾を休んだ。

その次の日もすがたを見せなかった。

かわりにその日は、二日間休んでいたひろむがやってきた。おれはひろむの顔を見るとちょっとほっとして、話しかけにいった。

「ひろむ、二日も休んでどうしてたの？　あ、酢こんぶちょうだい」

「……ああ、うん」

ひろむはどこかうわの空なかんじで、小さな赤い箱をさし出した。

「ありがと。なんだよ。かぜかなんか？」

「いや……」

そういったきり、ぼんやりと窓の外を見る。あきらかに様子がおかしい。

「おいおい、どうしたんだよ。休んでたあいだになにかあったの？」

するとひろむは、かっと目を見開いておれをにらんできた。

「あのねぇ、あったなんてもんじゃないよ。ぼくがこの二日間、どれだけ精力的かつ効率的に走りまわったかわかる？　目撃証言は三十人以上集めた。飛行距離、飛行経路、飛行時間、目視《もくし》可能区域、おおよその高度なども特定できた。そしてね、ぼくは、とうとうやったんだ」

つばを飛ばしながら一気にまくしたてるひろむと、漢字の多さにびびって、おれはあとずさった。

「……えっと、やったって、なにを？」

「あの光の正体について、ある仮説をうち立てることに成功した」

光の正体について、仮説を立てる？？

なんのこっちゃ。

話のつづきは帰り道、歩きながらきくことになった。

「あの光はやっぱりＵＦＯだ。まちがいない。ぼくの分類によるとマウス型の変形で、回転はしないタイプ。そして、すでに人類と接触《せっしょく》している可能性がある。というのも、六色大学の屋上でＵＦＯと交信している人たちを見たという証言があるんだ」

「コウシン？　ＵＦＯと？」

六色大学は、まだまだ田んぼや畑の広がるこの町で一番高い建物だ。そこでだれかがＵＦＯと行進、いや、交信していた……？

おれはすこし考えたあと、笑いながら手をふった。

「ないない、いや～あ、ないよ」

「ないことないよ。ちゃんと見た人がいるんだ。そこでぼくは考えた。彼らはおそらく、地球人の『サンプル』を手に入れるためにやってきた。そしてまずは友好的にその目的を果たすために、相手の意思を確認して……」

「あ～、はいはい、わかったわかった」

おれは笑ってひろむの説明をとめた。こいつはやっぱり変わったやつだ。これ以上この話につきあっていたら、べつの世界につれていかれる。

ひろむはしぶしぶＵＦＯの話をやめると、ふと思いついたようにいった。

「ところで、光喜はまだ塾にきてないの？」

「あ、いや、おとといはきたよ」

「……そう」

そのときおれは思い出した。そういえばひろむもいっしょに見たんだった。先週、ふれあい遊園地で。

「あ～、あのさ、ひろむ、光喜はさ、その……」

するとひろむが、きっぱりとした口調でいった。

「ぼくは無理だからね」

「は？」

「ぼくには無理だ、っていってるの」

ひろむはもう一度いうと、でかい目でこっちを見る。

「世の中に、ああいう人たちがいることは知ってる。でも、ぼくはダメなんだ。生理的に無理。自分のこともそんな目で見ていたのかもしれないと思うと、なんかこう、ぞわっとしちゃって……」

「ちょっ、おまえな……！」

いままでなかよくやってきた光喜にたいして、そのいいかたはひどくないか？　そう反論しようとすると、ひろむはうつむいていった。

「小さいころ、へんなおじさんに追いかけられたことがあるんだ。もちろん、ぜんぜん関係ないってわかってるんだけど、そのせいかもしれない。じつはぼく、この二日間いろいろ考えてたんだ。

ほんとうは塾にもこようかと思ってたんだけど、光喜といままでどおり話せる自信がなくて……。でも、彼のこと傷つけたくないし……。だから今日、休んでてちょっとほっとした」

おれはぐっと言葉を飲みこんだ。なんだよ。そんなふうにいわれると反論しづらいじゃないか。

「徹、おねがいがあるんだ」

「うん？」

「ぼくのこと、さがさないでくれ」

「は？」

「それじゃ」

ひろむはくるりと背をむけ、走っていってしまった。

さがさないでくれ？　……なんのこっちゃ。

やっぱりへんなやつだなぁ、と軽く考えていたら、ひろむは次の日からほんとうに塾にこなくなった。事務の人にきいたら、「掛井君なら、七峰校に転校しましたよ」といわれた。

七峰校は、となり町にあるこの塾の分校だ。おれの家からも自転車で通えなくもない。

なんだよ、さがすなとかいっときながら、けっこう近いところにいるんじゃないか。

そのへんがひろむらしくてちょっと笑えたけど、本人の強い決意、みたいなものはかんじないわけにはいかなかった。

それから二週間、おれはひとりで塾に通った。

正直、ちょっとさびしかった。夏休み前はあんなに塾にいくのが楽しかったのに、いまじゃ毎日味気《あじけ》なくて、砂をかんでいるみたいだ。

おれは光喜がもどってきたら見せるために、ていねいにノートをとった。いつになく真剣に授業をきいていたら、苦手だと思っていた英語がけっこうわかるようになってきて、おどろいた。

そんな八月のある日。

朝早くから、家の電話がけたたましい音をたてた。

「真鍋《まなべ》徹さんでしょうか？」

「あ、はい。そうですけど」

「あの、私、先月まで塾でお世話になっていた掛井ひろむの母親です」

「えっ。あ、はい、どうも……」

ひろむの母ちゃん？　よくおれんちの番号がわかったな。

「じつは、ひろむがきのうの晩から帰ってこなくて……」

「えっ？」

話をききながら、血の気《け》が引いた。ひろむが、遺書めいた手紙を残して消えてしまったそうだ。手紙にはこれまで育ててくれたことへの感謝と、もう家に帰るつもりはないこと、心配しないでほしいことなどが書かれていたらしい。

「あの、でも、どうして……」

ひろむの母ちゃんは、うっとおえつをもらすといった。

「あの子、学校でいじめられていたみたいなんです。本人がいやがるからくわしくはきいてないんですけど、あざができるほどなぐられたり、火傷《やけど》させられたり、お金をとられたりもしていたみたいで……」

母ちゃんが気づいただけでも、十回以上はそんなことがあったらしい。

おれはびっくりしすぎて声も出なかった。

うそでしょ？　だっていままで、ひろむがそんなそぶりを見せたことは一度もない。

「あの子、塾であなたや橘くんとなかよくしてもらっていたおかげで、なんとか自分を保つことができていたんだと思うんです」

ひろむの母ちゃんは、ひろむが家でおれや光喜のことをどんなふうに話していたかおしえてくれた。自分にだって友だちはいるんだ、だからなにも心配する必要はない。そうアピールするみたいに、おれたちとしたなんでもない会話を再現してみせたりして、母ちゃんを安心させていたらしい。

けれどなぜか、ひろむはおれたちのいる六色校から七峰校に転校したいといい出した。そして最悪なことに、その七峰校で学校のいじめっ子たちといっしょになってしまった。

この二週間ちかく、毎日あざを作って帰ってくるひろむを、母ちゃんも心配していたところだったという。

「あの子のいきそうなところ、どこか知りませんか？　警察にも届けたし、親せきにも連絡したけど、まだ見つからなくて……」

「いえ……。でもおれ、あの、おれもさがします」

電話をきるや、いそいでTシャツと短パンに着がえた。台所にあったクリームパンを牛乳で流しこみ、家を飛び出す。

なにかのまちがいじゃないの？　だっておれの知ってるひろむは、そんなんじゃない。いつもおれや光喜のばか話に腹をかかえて笑い、ときどきマニアックな知識でおれたちをうならせ、かと思うと予想外のボケをかましてくれて、すげえ友だち思いなところもあって……。そもそもあんなおもしろいやつ、いじめる？　ふつう。

でもいなくなったことは事実なんだよな。遺書なんて残して。

頭がこんがらがったまま、自転車のハンドルをにぎりしめる。

駅前の漫画喫茶、本屋、三人で何回かいったことがあるゲーセン、田舎のくせに二十四時間営業のマクドナルド——。思いつくかぎりの場所を走りまわったけど、ひろむのすがたはない。

塾の自習室をのぞいたとき、ひろむとおなじ中学のやつがいたから、おれはつかまえて休憩室までひっぱっていった。

「なんだよ。せっかく集中してたのに、じゃますんなよ」

不機嫌そうに顔をしかめたそいつは、田中《たなか》といった。おれたちとおなじクラスだが、成績はおれよりちょっと下あたりをさまよっている。

おれは田中に、掛井ひろむが学校でいじめられているというのはほんとうか、ときいた。

すると田中はああ、と気まずそうにうつむき、

「まあ、そうだね。掛井くん、ちょっと変わったところあるから。からかわれるっていうか、遊ばれるっていうか……」

「なぐられたり金をとられたり、火傷させられたりっていうのは？」

「ああ……、うん、たぶん」

おれはこぶしをぎゅっとにぎりしめた。

おまえ、知ってたならなんとかしてやれよ。クラスメイトだろ？

いまにもなぐりかかりそうになるのを、必死でこらえる。そんなおれを見て、田中がいいわけするようにいった。

「いっとくけど、学校のやつらはみんな知ってるよ。でもだれもとめやしない。そんなことしたって白けられるだけだし、次の標的になるのが目に見えてる。先生たちだって、うすうす気づいてはいるだろうけど見て見ぬふりだ。おとなは事なかれ主義だからな。ほんとうのことを知りたければ、ツイッターで『#カマキリ』で検索してみるといいよ」

すて台詞《ぜりふ》を残すようにして、田中は自習室にもどっていった。

おれはスマホをとり出し、ツイッターを開いた。いわれた通り検索してみると、無数のツイートがヒットする。ほんもののカマキリのほのぼのとした画像もあったけど、あきらかに悪意にみちたツイートもあった。

――本日、河川敷でカマキリめったうちw すっきりした～。ポケットから小判も出てきたよ♪

写真にうつっていたのは、河川敷らしい背景とくしゃくしゃになった千円札。

——テスト最悪。むかつくから、みんなでカマキリ処刑したった。

写真に、あざだらけになった上半身。へそのまわりに「ぼく、カマキリでーす」「処刑してくれてありがとう」とマジックで落書きしてある。

——今日は火傷の刑～。あ、これは本人も同意の実験みたいなもんっすから、通報しないでね。

添付されていた動画には、いやがってもがくだれかの肌にライターの火が近づけられ、茶色くなるまで肌を焼く様子がうつっていた。

はきそうになった。

なんだこれ。

なんなんだよ、これっ！

——M子が先生にちくったらしい。でもここからおれらを特定するなんて無理だよね。本名じゃねえし、ツイッターの裏アカなんて、ほかにいくつも持ってるし。

——あんのじょう、センコー無視。はは。「うちの生徒であるという証拠はない」だってさ。

おとなってほんとバカだよな。

おれは塾の壁に思いきりこぶしを打ちつけた。

壁がゆれて、ろうかを歩いていた事務の人がぎょっとした顔でふりかえる。

かまわず塾を飛び出した。

よっぽどひどい顔をしていたのだろう。

とつぜん家をたずねてきて、鼻水たらしながら泣きじゃくっているおれを見て、光喜は「こいつ、受験勉強のストレスでとうとうおかしくなっちゃったか」と思ったそうだ。

あんまりおぼえてないけど、おれはひろむのいきそうなところをかたっぱしからさがして、それでも見つけられなくて、光喜の家にいくことを思いついた。前に一度いったことのある、駅近の低層マンション。

光喜は最初、とまどいをかくせない様子だった。でも、ぐしゃぐしゃになったおれのむちゃくちゃな説明に、根気よく耳をかたむけてくれて、最後にひとこと「わかった」とうなずいた。

光喜の目が、強く光っていた。

「徹、ひろむの母ちゃんと連絡つく？」

光喜はおれのおしえた番号に電話すると、ひろむの母ちゃんとなにやら話しはじめた。

電車にのってどこかにいった可能性はないか。金はいくらくらい持っているか。家から持ち出したものはなにか。さいきんのひろむの言動で変わったところはなかったか。

「ということで、徹」

電話を切るなり、光喜はくるりとふりむいていった。

「ひろむはまだ見つかっていない。警察が駅で調べてくれたけど、電車にはのっていないらしい。この町のバスは町内しか走らないし、ひろむの自転車はパンクしたまま家においてあるそうだ。ということは、ひろむはまだ六色町内にいる可能性が高い」

犯人はこのなかにいる。名探偵がそういうみたいに、光喜はいった。

「でもおれ、たいがいさがしたぞ」

ポンコツワトソンが反論すると、ホームズは腕をくんでゆっくりとソファに腰かけた。

「さいきんのひろむの言動でさ、なにか気づいたことはなかったか?」

「え?」

「いつもとちがうようなことだよ。いままで口にしたことがないような場所とか、人とか。なにかあいつの日常をがらりと変える可能性のある、もしかしたら希望につながるようなこと」

「ひろむの日常をがらりと変える、希望につながるようなこと……?」

光喜はうなずく。

「だってひろむは、これまでもいじめられていたんだろ? それなのにずっとたえてきたんだ。

それが夏休みに入って、とつぜん家を出ることにした。正直いってさ、塾なんかやめればいいじゃん？　学校とちがってオプションみたいなもんなんだし。そう考えると、せっかくの夏休みにわざわざ家を出るなんて不自然だ。なにか、いじめとはちがうべつの理由があったんじゃないか？」

いじめとはちがうべつの理由。さいきんのひろむの言動でいつもとちがったこと……。

「あ」

おれの頭に、興奮してまくしたてるひろむの顔がうかんだ。

『彼らはおそらく、地球人の「サンプル」を手に入れるためにやってきた。まずは友好的にその目的を果たすため、相手の意思を確認して……』

「……ＵＦＯ」

「ＵＦＯ？」

光喜が、けげんそうにおれを見る。

おれはうなずくと、あの夜見たふしぎな光のことを光喜に説明した。その光が赤、黄、緑と色を変えながら、六色山の中腹《ちゅうふく》に消えていったこと。ひろむはその光を見て、ＵＦＯだと思いこんでいたこと。

「それだ」光喜がぽん、と手をうった。

「いこう、徹。六色山だ！」

おれたちは暮れはじめた空の下、六色山の登山口にむかってけんめいに自転車を走らせた。びしょぬれになったおれのTシャツはひどいにおいを発していたが、気にしているよゆうはない。

赤い大鳥居がたつ登山口で、おれたちは自転車をおりた。ここからは六色神社へとつづく参道を、歩いて登っていくことになる。

さらさらと流れる谷川の音をききながら、アスファルトの上り坂をせっせと歩く。

「あいつ、六色神社にいるのかな」

「ああ、たぶん。登山道は夜になるとまっ暗だし、境内《けいだい》のお社《やしろ》の下にでもかくれているんじゃないか」

「そうやって神社に寝泊まりしながら、UFOと接触しようとしてるってこと？」

「うん……。ふつうの人間ならそんなこと考えないけど、ひろむならやりかねないだろ」

光喜の言葉に、おれはうなずいた。ありえる。あいつなら。

六色神社につくころには、夏のしぶとい太陽もすっかりすがたを消し、あたりは暗闇《くらやみ》につつまれていた。

おれたちは、懐中電灯とヘッドライトをたよりに境内を歩きまわった。

「ひろむ〜」

「いるかぁ〜。いたら出てこいよ〜」

拝殿は正面の扉にかぎがかかっていた。しかたなくまわりの縁側《えんがわ》みたいなやつをすみずみまでさがし、その下もくまなく照らす。

この神社には、本殿のナントカノミコトとかいうご祭神以外にも、たくさんの神さまがまつられている。牛頭神《ごずしん》に鬼子母神《きしぼじん》、水子地蔵《みずこじぞう》にお稲荷《いなり》さん。それぞれ大小の祠《ほこら》やお社があって、日本人っていうのはほんとうに節操《せっそう》がないっていうか、神だのみが好きだよなぁ、と思う。

なかでも一番地元の人に親しまれているのは、にじ姫さまだ。ずっとむかしからこのあたりの守り神といわれていて、この六色神社じたいを「にじ姫さま」とよぶ人もいるくらいだ。

おれと光喜はお社のひとつひとつ、祠のひとつひとつに光をあて、最後ににじ姫さまの小さな祠のそばでへたりこんだ。

「ああ〜、つかれた」

大きく息をはいて、ごろんと大の字になる。光喜も「だな〜」といってとなりにならぶ。

見あげると、満天の星空だった。ここは神社のなかで一番ひらけた場所で、ちょっとした展望台みたいになっている。

　となりを見ると、光喜もぼんやりと瞳に星をうつしている。その耳の後ろにあざのようなものがあることに、おれは気づいた。

「光喜。それ、どうしたの？　その耳のところ」

　すると光喜は、さっと手であざをかくした。

「なんでもない」

「は？　なんでもないことないだろ。それ、なぐられたあとじゃないの？」

「……いや」

「あのね、水くさいのはもうかんべんしてくれる？　だれにやられたんだよ」

　それでも「うん、まあ……」と口をにごす光喜に、おれはイラっときてまくしたてた。

「あのなあ、おれ、ゆるさないからな。ひろむをいじめたやつらもだけど、おまえをなぐったやつがいるなら、そいつもゆるさない。おまえがいわないっていうなら、かってに調べてそいつのことぶっつぶす」

　腕っぷしに自信はないけど、その気になればいくらだってやりようはあるのだ。

　急に勢いづくおれに、光喜が押し負けたかんじで白状した。

「この前の男にさ、『もう会いたくない』っていったら、なぐられたんだ」

この前の男？　光喜を見ると、おれのほうをむいて力なく笑う。

そうか。ふれあい遊園地でキスしてた男のことだ。あのガタイのいい、ずいぶん年上っぽかった……。

光喜はふたたび星空を見あげると、いった。

「最初はさぁ、やさしかったんだ。あの人、会社員で、地元で消防団もやっててさ。めんどう見のいい兄さんってかんじで、『自分も君くらいのときはおなじようになやんだ。だからつらさがよくわかる』っていってくれて」

「……うん」

「だからおれ、やっとわかってくれる人に出会えたって思ったんだ。でも、そのうち『ゲイの間ではあいさつみたいなものだから』って、しつこく体をさわられるようになって……」

おれは、公園で見た男のがっしりとした体型を思い出した。きゃしゃな光喜では、力ではとうていかなわなかっただろう。おれは思わず言葉に力をこめた。

「ネットで知りあった相手とふたりで会うなんてあぶないよ。会社員とか消防団っていうのもウソかもしれないし、もっとひどいこと、それこそ殺されてたっておかしくなかったかもしれない」

おれの言葉に、光喜はめずらしくしょげた表情になる。

「おれはただ、仲間とか友だちがほしかっただけなんだ。でも、こんな田舎じゃゲイの集まりにも参加できないし、そういうの、最初はひとりでいくのもこわいし。だから近くで会える人が見つかって、すげえうれしくて、それで……」

その言葉にカチンときて、いった。

「おれはおまえの友だちじゃないのかよ」

「……だっておまえ、ノンケじゃん」

ノンケ。これは「その気がない」をいいかえた言葉だ。つまり、同性愛者ではないということ。

「だからなんだよ」

堂々という。すると光喜は、塾のバスのり場で見たのとおなじ、さびしげな目をしていった。

「……おれのこと、気持ちわるくないのかよ」

きた。おれはぐっとこぶしをにぎった。この質問にどう答えればいいか。あの日からずっと考えつづけていた気がする。

すうっと息をすいこむと、いった。

「気持ちわるくない」

はっきり、くっきり、かざりなく。

「最初はさ、まあ、うん。おどろいた。でもいろいろ調べてみて、思った。ゲイだからって、おまえがおまえであることにかわりはないわけだし、おれはいままでどおり、おまえと友だちでいたい。……もちろん、この前はそうとう傷つけてしまったと思うから、もしおまえがよければの話だけど」

すぐそばで、光喜が身じろぎしたのがわかった。

しばらくもぞもぞ動く気配がして、それから小さく鼻をすする音がきこえてきた。

泣いてるんだ。そう気づくまで、時間がかかった。

光喜の心にこんなにもせんさいで、かんじやすい部分があったなんて。夏休みに入るまでのおれは、想像してみたこともなかった。

居心地《いごこち》のわるさをごまかすため、あしをさすったり、見えない蚊を手でたたいたりした。

しばらくすると、黄色いペットボトルが目の前にさし出された。

「……飲む?」

「おお、ありがと」

冷え冷えレモンだった。一時間以上光喜のリュックに入っていたので「冷え冷え」からはほど遠かったけど、かわいた体には天の恵みで、おれは山梨恵梨香ちゃんの顔を思いうかべながら、ありがたくのどを鳴らした。

しばらくして、光喜がぽつりといった。

「なあ徹、ひろむのやつ、なんで塾かわっちゃったの?」

おれはぐっと言葉につまった。そこはあいまいにしか説明していなかったところだ。

だまっていると、光喜はこんなことをいった。

「あのさぁ、たとえば、トマトがきらいでどうしても食べられないやつっているじゃん?」

「うん?」

「そういうやつに、『好ききらいしないで食べなさい』とか、『お百姓さんに失礼でしょ』とか、いくらいってもムダだと思うんだよね。きらいなものはきらい。そういうのって、リクツじゃないから」

「……うん」

「なのに『トマトを好きになるべきだ』って主張するのは、トマト側のごうまんっていうかさ、ちょっとちがうと思うんだよね。もちろんトマトにしてみたら、なにもそいつにわるいことしてないのに、きらわれるなんてさびしい話だけどさ……」

おれはそこで、トマトに助け舟を出した。

「おれはトマト好きだぞ。夏は冷凍庫にぶっこんで凍らせて食う。あんなうまいもんはないよな」

すると光喜は、「そういうことじゃなくて」と笑った。

わかってるよ。そういうことじゃないってことくらい。

そのままふたりで、星空をながめた。

ふしぎだけど、なんだかそばにひろむもいる気がした。


それからのことは、記憶があいまいではっきりとは思い出せない。

おれは光喜とふたり、ゆく手をはばむモンスターをたおしながら、ひろむがいる「とらわれの城」をめざす夢を見た。三人で宇宙船にのって、緑の惑星にむかった記憶もある。理想の大陸めざして、大海原を航海したような気もする。

ともかくおれたちはまる三日間、この世界からすがたを消した。

おとなたちはわずかな目撃証言をもとに、六色山の山狩りをおこなった。もちろん六色神社もすみずみまで捜索された。けれどおれたちは見つからなかった。

神かくし。

おとなたちは、まことしやかにそうささやいた。

もう幼い子どもでもない、中学三年の男子三人だ。単にいなくなっただけなら、受験勉強がいやになって家出でもしたんだろう、と考える人も多かっただろう。

けれど四日目の朝、六色神社のにじ姫さまの祠の前に転がっているおれと光喜、ひろむが発見されると、これはやっぱり「神かくし」だったのではないか、と信じられるようになった。三人とも、そろいもそろって三日ぶんの記憶がぬけ落ちていたからだ。

それに今年はにじ姫さまが七十年ぶりに天から降りてくる年だから、そういうことが起こってもふしぎではない、とおおぜいのお年寄りが主張した。

いなくなっている間、光喜もおれとおなじように、いろいろな夢を見ていたらしい。そのなかにひとつだけ、おれとおなじ夢があった。

おれと光喜は、にじ姫さまの祠の前で横になって眠っていた。するとどこからか、ぶぉん、ぶぉん、となにかが振動《しんどう》するような音がする。

目を開けると、展望台の柵《さく》のむこうに奇妙なものがうかんでいた。家一軒がすっぽり入りそうな巨大な円すいふたつを、横につなげたような形。金属でできているのか、直線的なつぎ目がたくさんあって、ときおりそこに光がはしる。

おれたちはあんぐり口を開けて、そいつを見ていた。しばらくすると、やわらかい光がひと筋、おれたちのところまでのびてきた。その光のなかを、ひろむがゆっくりおりてくる。エスカレーターにでものっているみたいに、ゆっくり地上に近づきながら、おれたちに手をふっている。

そこまでだった。

おれたちもひろむといっしょに、その奇妙なものにのりこんだのだろうか。三日間ほとんど飲まず食わずだったはずだけど（三人で酢こんぶを食べたけいせきはあった）、三人とも健康そのものだったのはなぜだろう。

ともかく、この「謎の行方不明事件」のあと、おれたちはそろって塾に復帰した。ひろむも六色校にもどることになり、いままでどおり光喜となかよくやりはじめた。

しばらくして、おれはこっそりきいてみた。

「ひろむ、おまえさ、光喜のこといまはどう思ってるの？」

事件以来、人が変わったようにおとなびた表情をするようになったひろむは、すこし考えてから、

「なんかさ、ふしぎなんだけど、まったく気にならなくなった。ぼく、家出したあと、宇宙人といっしょに暮らす夢を見ていたんだよね。すがたかたちも言葉も考えかたも、自分とはなにもか

もちがう生命体だ。そしたらなんか、光喜が男の人を好きになることなんて、なんでもないことだって思えるようになったんだ」

そういってでかい目をほそめたあと、いった。

「でもねぇ、あいつらのことはゆるせない。たとえ地球をはなれたとしても、あいつらのやり口だけはわすれることも、ゆるすこともできない。そのことがよくわかったよ」

そして夏の終わり。

ひろむとおなじ中学校の男子生徒が三人、行方不明になった。

どんなにおとなたちがさがしても、見つからなかった。

家族の悲しみようは見ていられないほどだったけど、たぶん、もうすこし秋が深まるか、雪がまいはじめて受験勉強が完全にまにあわなくなったころに、ひょっこり帰ってくるんじゃないだろうか。

ひろむのひょうひょうとしたふるまいを見ていると、そう思う。

そのときの彼らが、もとの彼らとおなじかどうか。それは、おれにもよくわからない。

レインボープリンセス

そのおじさんは、いつもスカートをはいていた。

紺色のプリーツスカートに白シャツ、ローファー。

なによりめだつのは髪型だ。頭のてっぺんははげているのに、ぐるりにはえた髪を長くのばして、三つ編みにして両肩にたらしている。

夕暮れどき。にぎわう六色《ろくしょく》駅前商店街を、おじさんはゆっくり、ゆっくり歩いていく。

わたしは気づかれないように、そっとあとを追いはじめた。

◇

学校帰りにじいちゃんのくつ屋に寄るのが、わたしの日課だ。

お客さん用のソファから商店街をながめていると、その日あったいやなこととか、がまんしてしんどかった気持ちが、ふわっととけて軽くなっていく。これは大阪にいたころから変わらない。

じいちゃんは二年前、大阪から六色町へやってきた。むかしからの友人をたよりに、この町でやりなおすことにしたのだ。そのあとを追って、この春、わたしとお母さんも大阪からひっこしてきた。「おじいちゃんをひとりにするのは心配やろ?」とお母さんはいうけど、ほんとうは自分が、ひとりでわたしを育てるのが不安なのだ。

なかよしだったおさななじみとさよならして、お母さんにいわれるまま受験した中学に電車で通うことになった。通学とちゅうにじいちゃんの店があることは、わたしにとってはラッキーだった。

スカートのおじさんは、毎日決まった時間に店の前を通りすぎる。

わたしはそのことに、かなり早くから気づいていた。

「あのおじさんさぁ」

あるときぽろりというと、じいちゃんがコーヒーを飲みながらうなずいた。

「ああ。大阪にいたころ、じいちゃんの知りあいにもおったわ」

「え、ほんま?」

「うん。定年すぎて、急にあないなりはった」

「……あないって?」

「ある日とつぜん、花柄のワンピース着てな。まっ赤なハイヒールはいて、化粧して。ふつうに結婚もして、子どももいる人やったんやけど」

「え、結婚して、子どももいたん？」

「うん。せやけどなんやろなぁ。定年まで勤めて、子どもを独立させて、肩の荷がおりたんかな。ほんとうはずっとこうしたかったんやいうて、なんや晴れやかな顔しとったなぁ」

男として生きてきた六十年の人生を、ある日とつぜんひっくり返したってことか。すごい勇気や。

「それ、奥さんはどう思ってはるんやろうね」

「さあなぁ、そりゃフクザツやろな。まあでもあの人の場合、奥さんを思う気持ちは変わらへんいうてたから。こらもうしゃあない、好きにし、いうしかなかったんちゃうかな」

そういう人もいるんやな。

ふしぎに思いながらも、こう思った。
・・・・・・・わたしはそれじゃない。

◇

商店街をぬけて、まわりに田んぼと畑しかない県道を、おじさんは六色山のほうへ進んでいく。

空はすこしずつ暗くなり、夜の闇《やみ》がじわり、じわりとあたりをつつみはじめた。

街灯の光をたどりながら、わたしはまたあのことを思い出していた。


『古川《ふるかわ》、おまえ、なんでいっつも体育館の便所にきてんの？』

斉藤《さいとう》がにやにや笑いながらいう。後ろを見ると、中田《なかた》と丸井《まるい》も渡りろうかの手すりにもたれてこっちを見ている。

わたしとおなじクラスの男子で、とくに中田真也《しんや》はこの学校のスクールカーストの頂点だ。いま人気のTVドラマに子役として出ていて、月の半分も学校にこないけど、きたらとりまきたちがはなさない。

『なんでって……』わたしは口ごもった。

男子トイレにいきたくないからや。ほんとうは女子トイレにいきたいけど、それもできへん。だからこうやって、昼休みにだれもいない体育館の車いす用トイレに入るんやんか。

そんなことを説明しても、わかってもらえるはずはない。

『おまえさぁ、こないだの作文に「わたしはくつデザイナーになりたい」って書いてたって、マジ？』

斉藤の言葉に、丸井もにやにや笑う。

『そうそう。男なのに「わたしは」って、おかしくね？』

どきんとした。

自分の夢を、うその言葉で書きたくなかった。それにおとなになったら男の人でも「わたし」というから、そこまでへんではないだろうと思ってしまった。

斉藤は一歩ふみ出すと、わたしの全身をいやな目で見た。

『最初からおかしいと思ってたんだよね。おまえ、話しかたも歩きかたもなぁんかくねくねして女っぽいしさ』

やばい、と思ったときにはおそかった。斉藤はわたしのシャツに両腕をのばし、えりをつかんで力まかせに引きよせた。

『ほんとはおっぱいあんじゃないの？　見せてみろよ』

いいながらシャツのボタンをはずしはじめる。

『ちょっ、ちょっと、やめてや！』

斉藤の腕を必死に押しかえす。けれど斉藤は腕っぷしが強くて、びくとも動かない。そのまま胸もとをはだけられ、はがいじめにされた。

『おい丸井、ちんちんついてるかたしかめろ』

『ほい』

丸井がわたしの腰に飛びつき、ズボンとパンツを一気に引きおろす。

『ああ～っ』

頭がまっ白になった。むきだしになったお尻《しり》を、つめたい空気がなでていく。

正面で、中田がこっちを見ていた。

作りものみたいにきれいな顔で、わたしを見ていた。


死にたい。

もういやや。

死んでしまいたい。

なんでわたしにはおちんちんがあるん？　なんでわたしの胸はふくらんでこないん？　なんで
わたしの体は男の子なん？

なんで？　なんで？　なんで？

あの日からわたしは学校にいっていない。じいちゃんの店で、一日中くつのデザイン画を描いている。

集中しているときはいいけど、ときどき痛みがぶりかえすみたいにあのシーンがよみがえってきて、そのたびに死にたくなる。

わたしみたいなん、生きてたってしかたがない。神さまの作りまちがいやもん。きっとこれからも、楽しいことなんてなにもない。いやな思いするばっかりや——。

でも……どうやって死のう。

ビルから飛びおりる？　そんな高いビルこの町にはない。電車に飛びこむ？　ぐちゃぐちゃになって片づける人に迷惑や。睡眠薬とか毒を飲む？　そんなんどうやったら手に入るん。お金もないし。自分で自分の心臓をさす？　もし死なれへんかったら悲惨や——。

ひとつひとつ死ぬ方法をならべて、できない理由をこじつける。

だってさ、わたしが死んだら、じいちゃんとお母さんが悲しむもんな。こんなわたしでも、ふたりは大事にしてくれてるから……。

そうやって重たい鎖《くさり》を持ちあげるみたいに、現実にもどってくる。

そんなとき、ふいにうかんでくるのはなぜか中田の顔だった。

中田はあのとき、わたしのことを男の子として見ていたやろうか。それとも女の子として見ていたやろうか――。

鼻の下にヒゲみたいな毛がはえてきて、必死にぬいている。さいきん声ががらがらして、低くなることがある。毎日お風呂でたしかめるけど、胸はぜんぜんふくらんでこない。そんなわたしが女の子に見られるはずなんてないのに、すがるような気持ちで考えてしまう。

あのとき中田はほんのすこしでも、わたしを女の子として見てくれたやろうか。

正しい体がほしい。こんな着ぐるみ、ぬぎすててしまいたい。できることなら中田が心うばわれるくらい、きれいな女の子になりたい。

わたしの頭に、ある女の人がうかぶ。電車でよく見かけるお姉さん。女優さんみたいにととのった顔だちをしていて、スタイルもよく、いつもちがうデザインのくつをはいている。先月のおわりに見たくつはとくにすてきだった。つま先に金属のかざりがついたピンヒール。パイソン柄がおとなっぽくて、ぞくぞくした。

いつかわたしも、あんなふうになれたらいいのに――。

今日、学校はようやく夏休みに入った。

でもわたしは、朝からじいちゃんの店にやってきた。デザイン画を描いてはめくり、描いてはめくり、気づけば外はオレンジ色にそまっている。

ファッション雑誌をながめながら手を休めていると、駅のほうからいつものおじさんが歩いてくるのが見えた。おじさんはまわりの人にさりげなく避けられながら、「シュー・ラ・メール」と書かれたウインドウの前をゆっくり、ゆっくり通りすぎる。

そのとき、ふと思った。

このおじさん、どこに住んでるんやろう。まわりの人に避けられても、気にならへんのかな。家族や友だちはどう思ってるんやろう。いま、どんなことを思って生きてはるんやろう――。

おじさんはもう、「ル」を通りすぎようとしている。

わたしは立ち上がると、おくで仕事をしているじいちゃんに見つからないように、そっと店のドアを開けた。そしておじさんのあとを追いはじめたのだった。


あたりはすっかり暗くなっていた。

おじさんはひとつ、またひとつと街灯の下を通りすぎていく。

どこにむかってるんやろう。こんなところに家なんてあるんかな……。

見あげると、銀色の星が夜空をうめつくしている。そのなかを、奇妙な光が動いていく。

あれ？　なんやろ、あの光。

赤、黄、青と、いろいろな色に変わっている。飛行機より大きく見えるけど、もっと低いところを飛んでいるようだ。

「……隕石《いんせき》？」

それにしては、動きが横一線だ。それに落ちているのではなく、移動しているというかんじ。ぼわん、ぼわんとにじ色に光りながら、六色山にむかっていく。

「まさか、……ＵＦＯ？」

光を追いかけるように、おじさんも六色山へむかっている。しばらくいくと光は見えなくなり、かわりに大きな箱型のシルエットが目に飛びこんできた。

「え、ビル？」

近づいてみると、大阪の都心にあるようなりっぱな高層ビルだった。六色山の登山口の近くに、こんな近代的なビルがたっていただろうか。

スカートのおじさんのすがたは、ビルの前で見えなくなった。

わたしはしばらく迷ったあと、思いきって入り口の前に立った。

「ようこそ、『レインボープリンセス』へ」

女の人が、ほほえみながらいった。

天井の高い、広々としたエントランスだった。天井も壁も、床までまっ白。おくにカウンターがあり、そこに女の人が立っている。

「ここは、ファッションブランド『レインボープリンセス』の本社です」

ファッションブランド？　レインボープリンセス？

わけがわからず、目をぱちぱちさせてしまった。そのとき、あることに気づいた。この女の人、どこかで見たことがある。……そうや！　いつも朝の電車で会う、あのきれいなお姉さんや。

「わが社になにかご用でしょうか？」

「あ、いえあの、知りあいがこのビルに入っていって……」

もごもごいうと、お姉さんが首をかしげる。

「見学のご希望でしょうか？」

わたしはあわててうなずいた。お姉さんはにっこりすると、カウンターの外に出てきた。

「ではこちらへ。商品開発のフロアをご案内します」

エレベーターをおりると、そこは活気あふれるオフィスだった。

なにかの工場かと思うくらい広々としていて、たくさんのデスクがならんでいる。それぞれに人がすわって、いそがしそうに仕事をしていた。

なんか、社会見学にきたみたいやな。そう思いながら、まんなかにあったひときわ大きな机を見たしゅんかん、ぽかんと口をあけてしまった。

六人が机を囲んで会議をしている。そのうち四人が男の人で、この人たちが全員、女の子の服を着ていたのだ！

ひとりはマッチョな若いお兄さんで、黒地にピンクのハートが散ったTシャツを着ている。下はシフォンのチュチュに厚底サンダル。眼鏡《めがね》をかけたおじさんはノースリーブのロングワンピース、白髪頭のおじさんはバルーンスリーブのブラウスにフレアスカート、太ったおにいさんは胸もとが大きく開いたサマーニットに、タイトスカート。

みんなそれぞれにおしゃれで、ふしぎなほどにあっている。机の上に広げたワンピースについて真剣に話しあっていて、いかにもやり手ってかんじだ。

働くおとなって、かっこいいもんなんやなぁ。

「ふふ。おどろいた？」お姉さんが、わたしの顔をのぞきこんでいった。

「ここでは、だれもがレインボープリンセスの商品を身につけることになっているの。だからほら、あなたにも早く着てもらわないと」

ふたたびエレベーターにのると、さらに上の階でおりた。

そこは、天井までの棚がずらりとならんだ部屋だった。棚はハンガーラックや引き出しになっていて、たくさんの洋服がおさまっている。

ここでもたくさんの人が働いていた。棚のあいだを歩きながら名簿になにか書きこんでいる人、商品の整理をしている人、おくの広いスペースにはアイロン台がならんでいて、服にアイロンをかけている人もいる。そのなかのひとりを見て、わたしは「あっ」と声をあげた。

あのおじさんだった。プリーツスカートに、ていねいにアイロンをかけている。

あたりまえだけど、おじさんの髪型やスカートはここではまったくめだたない。それより、複雑なデザインのスカートに手ぎわよくアイロンをすべらせるさまは、いかにも「プロの職人」というかんじで、かっこいい。

おじさん、すごい……。

「さあ、あなたも、なんでも好きなものをえらんでいいのよ」

お姉さんがそういってほほえんだ。

「ほんま？　ほんまにええの？」

わたしはうれしくなって、すぐそばの棚に飛びついた。ピンクのワンピースにレースのスカート、そでがラッパのように開いたカットソー、胸元が大胆に開いたサマーニット——。

どれもこれも、めちゃくちゃかわいい！

夢中になって、棚から棚へと飛びまわる。お姉さんにすすめられるまま次々服を手にとっていくうちに、くつの棚の前にきた。

「あ……」

そこにあったのは、見おぼえのあるシュークローゼットだった。

パイソン柄のピンヒール、かかとが猫のかたちになったパンプス、パステルカラーのスリッポンに、真っ赤なハイヒール……。これまで雑誌や町中で見て、心のなかにしまってきたお気に入りのくつたち。

「これって……」

おどろいてふりかえると、お姉さんはすっと腕をのばし、赤いハイヒールを手にとった。

「どうぞ。はいてみて」

わたしは店からはいてきたビーサンをぬぐと、おそるおそるハイヒールに足を入れた。おどろくほどぴたりと足になじむ。

シンデレラがガラスのくつをはいたときみたいや……。

「あらまあ、ぴったり」

お姉さんは、目をほそめてわたしを見た。

「あなたの心が、よっぽど強くそのくつを求めていたのね」

わたしはお姉さんの顔をまじまじと見つめてしまった。

この人はいったい……。

お姉さんはニコッと笑うと、後ろにまとめていた髪をほどいた。長いきれいな髪がふわりと肩に落ちる。

「じつは私も、生まれたときは男の子の体をしていたのよ」

「え？」びっくりして、あとずさった。

「手術したの。いまも定期的に注射をうってる」

「手術……？」

わたしは、ごくりとつばをのみこんだ。

ほんま？　手術をしたらほんまに、男の体で生まれてきた人が、ここまできれいになれるものなん？

手術……！

「でもね、手術をしたからといって、なやみがぜんぶ解決するというわけではないのよ。それに、女として生きられるようになって、はじめてわかったことがあるの。それはね……」

◇

カランカラン、とベルの音がきこえて、わたしはうっすら目を開けた。

「すみません」

見ると、ほそく開いたドアから女の人が顔を出している。思わずあたりを見まわした。見なれた場所。じいちゃんの店。ウインドウからさしこむ朝日に、ほこりがキラキラとまっている。

あれ？　わたし、なんでここにいるんやっけ……？

「あのぉ、ここってオーダーメイドのくつを作ってくれるお店ですよね？」

女の人がうかがうようにいった。わたしはわれにかえって、がばりとソファから飛び起きた。

「あ、はいっ！　そうです、作ります」

「よかった。じつは、こういうくつをおねがいしたいんですけど……」

女の人はいいながら、紙袋に入っていたくつをとり出した。パイソン柄のピンヒール。わたしがひと目見たときから気に入って、心のシュークローゼットにおさめたくつ。

そこではじめて、わたしは相手の顔をちゃんと見た。

「あっ」

あのお姉さんだった。ついいましがた、夢で話をしていた人。

いっしゅん夢と現実の区別がつかなくなり、わたしは目をしばたたかせた。Tシャツにジーンズ。髪もおろしているので、いつもと雰囲気がちがう。でも、まちがいない。あのお姉さんだ。

お姉さんは自信がなさそうな顔で店内を見まわすと、

「私、足が大きいものだから、いつも海外で買うかとり寄せるんだけど、やっぱりサイズがあわなかったり、作りが雑で足が痛くなってしまったり。だからこのさい、オーダーメイドしたほうがいいと思って……。でも、ここではこういうくつ、作ってもらえないかしら？」

じいちゃんの店はたしかにオーダーメイドの革ぐつ専門店だ。でも、歩きやすさを一番大事にしているので、ピンヒールみたいな若い女性が好むデザインのくつはない。けれど、お客さんの気持ちを第一にするのがじいちゃんのやりかただから、たのめば作ってくれるはずだ。

「だいじょうぶやと思います。わたしからもたのんでみます。わたしもじいちゃんがこういうかわいいくつを作るの、見てみたいし」

わたしがいうと、お姉さんはじっとわたしの顔を見た。それから親しみのこもったほほ笑みをうかべると、

「そう。よかった。小さいころからのあこがれだったから、ハイヒールをあきらめたくないの。私、おとなになるまでは男の子だったから」

ひと呼吸おいて、わたしは大声をあげてしまった。

「え……ええっ!?」

いま、なんていった？　おとなになるまでは男の子だった？

「うふ。おどろいた？」お姉さんは、意味ありげな目をしてわたしを見る。

「私、生まれたときは男の子の体をしていたの。でも、心はずっと女の子で。だからいっしょうけんめい働いてお金をためて、すこしずつ体を女の子にしたの。ね？　そういわれると、この足のサイズにも納得でしょ？」

お姉さんはピンヒールをつまんで、いたずらっぽく笑った。よく見ると、29センチと書いてある。なるほど、女の人にしてはかなり大きい。

「いまじゃ、じつは男の子だったっていうとおどろかれるけど……。でもね、この年になってやっ

とわかったことがあるの」

わたしはぼうぜんとお姉さんの顔を見てしまった。その台詞《せりふ》、さっきもきいた気がする。もしかしてわたし、夢のつづきを見てるんかな……。

「社会に出たら、その人が男なのか女なのかということより、もっと大事なことがあるのよね。もちろん最初は、名前や年齢といっしょに性別をきかれることもあるわよ。でも、ほんとうに大事なのはそこから先」

お姉さんはまっすぐな目でわたしを見る。

「その人が、人としてどうなのかっていうこと。たとえば、あなたは誠実な人間ですか。責任感を持っていますか。思いやりを持って人と接することができますか……」

指おりあげていったあと、お姉さんはきっぱりとした口調でいった。

「結局人は、人のそういうところを見ているのよ」

あ……。

すとん、と、お姉さんの言葉が胸におちた。

カラン、カラン。またドアベルが鳴った。

「おや、開いとるやないか」

いいながら入ってきたのは、コンビニのふくろをさげたじいちゃんだ。

「おお柚樹《ゆずき》、きのうはいつのまに帰ったんかと思ってたら……あれ、これはすみません、お客さんでしたか。どうもいらっしゃい」

「あ、店主さんですか。あの、じつはこういうくつを一足おねがいしたくて……」

お姉さんとじいちゃんは、話をしながらソファに移動していった。でもわたしは、カウンターの前で動けずにいた。

頭のなかで、お姉さんの言葉がぐるぐるまわっている。

大事なのは、人としてどうなのかということ。

あなたは誠実な人間ですか。

責任感を持っていますか。

思いやりを持って人と接することができますか――。

じいちゃんと話すのをきいていると、お姉さんは旅行会社で働いているそうだ。添乗員《てんじょういん》として海外にいくこともあり、そういうときはかならずくつ屋をのぞくけど、満足のいくくつにはなかなか出会えないという。

「このお店のくつはいいですね。とても心がこもっている」

お姉さんがいうと、じいちゃんが満足げにうなずいた。さいきん「心をこめた手仕事のよさをわかってくれる人がへってきた」とこぼすことが多いから、うれしかったのだろう。

店を出るとき、お姉さんはわたしにむかってぱちんとウインクした。

「じゃ、またくるわね。あなたもがんばって」


予知夢って、あるんかな。

わたしは昨夜見た夢らしきものについて、じいちゃんに話してみた。するとじいちゃんは、「そういうこともあるかもしらんなぁ」とうなずいた。

「商店会できいたんやけどな、この地域にはむかしからにじ姫さまちゅう神さんがおって、ふしぎな力で村人たちを助けてきたんやって」

「にじ姫さま?」

「うん。ほら、こないだ六色神社で夏祭りがあったやろ。柚樹はあんまり興味なかったんか、いかんかったみたいやけど」

「ああ、うん」

「あの神社にまつられてる神さんでな。なんでも、今年は七十年に一度その神さんが天から降りてきて、ねがいごとをかなえてくれる年らしいわ」

「へぇ～。七十年に一度……」

「ほやから、柚樹んとこにもにじ姫さんがきて、なんかしていきはったんかもしれんで」

「なんか……なんかって？」

「せやからそのぅ、ちゃっちゃとなんか、ええことや」

じいちゃんはそういって、はっはっはと笑いながら仕事場にすがたを消した。そのいいかたがおもしろくて、わたしも笑ってしまった。

「ちゃっちゃとって、なんかいいかげんな神さまやね」

きっとただのいい伝えだろう。そうは思いながらも、わたしはあの夜見たふしぎな光を思い出していた。

あのにじ色の光は、もしかしたらにじ姫さまが降りてきた光やったんかな。そしてじいちゃんがいうみたいに、「なんかええこと」がおきる魔法の粉みたいなものを、ちゃっちゃとふりかけていってくれたんかな――。


それから三日後。

わたしはじいちゃんの店の前に、手書きのポスターをはりだした。

『くつみがきサービス「プチ・ラ・メール」はじめます』

ラ・メールは、フランス語で海という意味だ。じいちゃんの店が「シュー・ラ・メール」なので、こっちは「小さい海」ということにした。

なにをはじめたのかというと、店の前を通りすぎる人たちに声をかけて、無料でくつみがきをするサービスだ。商店会の大型扇風機を借り、その前で汗をふきふきくつをみがく。

お姉さんの言葉が胸にくすぶって、なにかせずにはいられなかった。夢のなかでしんけんに働く人たちを見たせいもあるかもしれない。なんでもいいから、自分にできる仕事がしたいと思った。

家でチラシを作って、会社にむかう人や買い物中の人たちにくばった。最初はふしんそうに見ていた人たちも、「中学生の社会勉強みたいなものか」とすぐに納得してくれたみたいで、その日のうちに何人かがくつをまかせてくれた。

お客さんには、終わるまで店内のソファでまってもらうことにした。じいちゃんが気をきかせてつめたいコーヒーを出してくれる。すると、まっているあいだにじいちゃんの作ったくつを見て、新しいくつをオーダーしてくれる人も出てきた。

一週間もしたら、「プチ・ラ・メール」は六色駅前商店街で大評判になっていた。わたしもできるだけていねいにくつをみがいたし、じいちゃんのあたたかいもてなしも話題になり、ひっきりなしにお客さんがやってくる。わたしは、大きな手ごたえをかんじていた。

そんなある日、またあのお姉さんがやってきた。

「あら、あなた、すこし見ないうちにずいぶん日に焼けたわね」

店先で声をかけられたわたしは、おどろきのあまり「あっ」と声をあげてしまった。お姉さんの後ろに、中田が立っていたからだ。

「ああ、コレ、うちの弟。今日は買い物につきあってもらったんだ」

お姉さんが、軽いかんじで中田を指さす。

弟⁉

もっとおどろいて、わたしは中田をまじまじと見つめてしまった。中田は、いろんなブランドのロゴが書かれた紙袋を、両手いっぱいに持たされている。わたしを見ると、ちょっと目を見開いて「……古川じゃん」とつぶやいた。

なんや中田、わたしの名前おぼえてたんや。

「せっかく色白できれいな肌をしていたのに、もったいない」

お姉さんはわたしを見て、すこし残念そうな顔をした。それから「無理しないで、がんばってね」といって、中田といっしょに店の中に入っていく。

わたしは自分の腕をながめてみた。たしかに、いままでの人生で一番日焼けしている。アーケードもない青空商店街だから、しかたがない。でもいまは、そんなことはまったく気にならない。それよりも、もっとくつをみがきたい。だれかの役に立ちたい。

鼻歌まじりに、目の前のくつにむきなおる。心の海はおだやかで、おくのほうがちくりと痛んだ気はするけど、波はたたなかった。ふしぎだった。ちょっと前まで、中田やあのことを考えるだけで、死にたい気持ちになっていたのに。

カランカラン、とドアが開く音がした。見ると、中田がバツがわるそうな顔をして立っている。

「あのさ、古川」

心臓が飛びはねて、わたしはあわてて視線をそらした。

「あ、だいじょうぶ！　今日のことはだれにもいわへんから。お姉さんの荷物持ちなんて、ちょっとカッコわるいもんな。それにわたし、もうあの学校にはいかへんと思うし」

「えっ」中田はおどろいた顔をして、わたしの横にしゃがみこんだ。

「学校やめんの？　それってもしかして、おれたちのせい？」

中田が、お姉さんとよくにたきれいな顔に、しんけんな表情をうかべてわたしを見た。

「ごめん、ほんっとごめん。おれ、斉藤たちがあんなことするとは思ってもみなくて、びっくりしすぎて、とめられなくて……」

「え……」

「あのあとおまえ、学校こなくなったじゃん？　ずっと気になってたし、後悔してたんだ。おまえさ、まちがってたらわるいけど、うちのアニキ、あ、アニキっていったらおこられるんだった。アネキと、おなじなんじゃない？　アネキが中学入ったころとふんいきにてるから、そうじゃないかなぁって思ってたんだ。だから、機会があったら話したいって思ってたんだけど……」

必死に話す中田を、わたしはじっと見つめた。中田のことが、はじめておない年に見えてきた。

「ごめん。おれたち、すげえひどいことしたよな。ほんと、ほんとごめん」

中田はぺこぺこ頭をさげる。

「おれ、あんなことアネキに知られたら、一生ケイベツされる……」

中田はどうやら、お姉さんのことがとても好きらしい。かわいそうになっていった。

「いいよ、もう。……あったことはなくならへんけど、中田がそんなふうに思ってることがわかっただけで、なんか、よかったわ」

すると中田は、「いや、よくない」といってあたりを見まわした。そしてずいっと近づくと、くつみがき用の布に手をのばす。

「手伝うよ。口でいうだけじゃわかってもらえないと思うし」

ほんとうにくつをみがきはじめた中田に、わたしはおどろいていった。

「ほんまにいいって。お姉さんにはいわへんから、だいじょうぶやって」

「いや……じつはさ、来月から撮影する映画のために、うんと日焼けしないといけないんだ。だからこっちからおねがい。夏休みの間だけ手伝わせて」

中田はおがむように両手をあわせると、またすぐに手を動かしはじめる。その横顔のきれいさにどきんとしながら、わたしはいった。

「中田って……じつはいいやつやってんな」

「は？　なんだよそれ」

「だって学校の女子につめたいし、同級生のことなんてどうでもいいんやろなって思ってた」

「ええ～？」

顔をあげた中田に、なけなしの情報をぶつける。

「だってほら、A組の矢本《やもと》さんも、C組の池永《いけなが》さんのこともふったってきいたで」

中田は、「ああ～」と顔をしかめていった。

「あいつらドラマの役が好きだっただけで、おれのことなんてほとんど知らずに告ってきたんだもん。だいたいおれ、仕事だってアネキにかってに書類出されて、なんとなくここまできちゃっただけで……。そりゃもちろん、仕事もらえるのはうれしいし、がんばればまわりの人たちがよろこんでくれるから、やりがいはあるけど……。ねえ、これ、次はどうやんの？」

わたしは中田にくつずみの使いかたをおしえながら、思った。

中田のいってること、わかる。仕事をまかせてもらえることや、人によろこんでもらえるのがうれしいってこと。

もしかしてわたし、ちょっとだけ中田に近づけたんかな……。

「ああ、そういえばさぁ」

中田がくつずみを布にとりながらいう。

「おまえとおなじような人、たくさんいるよ。こないだ担当してくれたヘアメイクさんもそうだったし、マネージャーといったお好み焼き屋の店長もそうだった。みんなすげえいい人たちだよ。おまえもおとなになったら、たくさん会えると思うよ」

中田はその日から、ほんとうに毎日くつみがきを手伝いにきた。そうとうひまなのかなぁと思っていたら、お姉さんいわく監督《かんとく》さんがとてもきびしい人で、中田も必死なのだという。

それでも、日に焼けるだけならほんものの海にいって遊べばいいわけで、わざわざ「プチ・ラ・メール」でくつみがきをつづけたのは、やっぱり中田なりの罪ほろぼしなんだろう。

わたしのなかで、中田はもう「手のとどかない人」ではなかった。中田は友だちだった。それも、尊敬すべき大事な友だちだった。中田はきっとスターになる。それまで全力で応援しようと、心に決めた。


夏休みが終わるころ、商店街を歩くあのおじさんをひさしぶりに見かけた。

あいかわらずゆっくり、ゆっくり歩いているおじさんのすがたが、いっしゅんきらっとにじ色に光ったように見えて、わたしはごしごしと目をこすった。

もう一度目を開けたとき、おじさんのすがたはもうどこにも見えなかった。

見る。

「さっきの話だけどさ」

縁側《えんがわ》でスイカを食べていると、綾《あや》がいった。エリは、口の中の種をぷっと庭にはき出して綾を見る。

「さっきの話って?」

「さっきの、なやみの話」

「ああ、それ」エリは食べかけのスイカを大皿におき、綾にむきなおった。

いつものようにふたりでミニバスの朝練を終えて、河川敷から綾の家にむかう道すがら。エリは、さいきんのなやみを綾にうちあけた。親がお金のことでけんかばかりする、ということだ。これにはほんとうにうんざりしていて、つい綾にグチってしまった。

そのとき、「綾にはなにかなやみってないの?」ときいたのだった。「神」級にバスケがうまいうえに美人で勉強までできる綾には、なやみなんてないんだろうなぁ、と思いながら。

綾はそのときは「そうだなぁ……」と口をにごしていたけど、二時間たってようやく返事が返ってきた。気の長いブーメランみたいだ。

綾が、自分もスイカを大皿にもどしながらいう。

「ジブンさぁ、男なんだよね」

いっしゅん、なにをいわれたのかわからなくて、エリは目をぱちぱちさせた。

「……は?」

自分さぁ、男なんだよね。

綾の言葉が、どこにおさまっていいかわからず、頭の中で迷子になっている。どういう意味?

「ああ、ごめん。よくわかんないよね」

綾はウェットティッシュで両手をふくと、まっすぐエリにむきなおった。

「エリ、トランスジェンダーって知ってる?」

「……トランス?　なにそれ」

「あのね、生まれもった体の性別と、心の性別がちがう人のこと」

生まれもったカラダのセイベツと、ココロのセイベツがちがう……。

「つまりね、ジブンは、体は女の子だけど、心は男の子なんだ。生まれつき」

体は女の子だけど、心は男の子?

綾が？？

綾と出会ったのは、ゴールデンウィークの中日《なかび》というサイアクな日程でおこなわれた、ミニバスの練習試合でのことだった。

エリが通う六色《ろくしょく》小のミニバスチーム「六色スターズ」対、川むこうの七峰《ななみね》小の「七峰フレンズ」。

第一クォーターに出場したエリは、のこりの試合をベンチから食いいるように見つめていた。

七峰フレンズのエースとして登場した綾の動きは、ひとりだけぜんぜんちがっていた。ボールが手にすいついているみたいなドリブル、たくみなフェイント、緩急《かんきゅう》のついた身のこなしで、あっというまにゴール下におどり出る。

翼がはえているみたい。

綾がふわりとレイアップシュートを決めたとき、エリはそう思った。

すこしくせのあるショートカットがたてがみみたいになびいて、筋肉のひとつひとつまで躍動するような動きは、まるで……。

馬だ。天にのぼる、馬。

「なにあれ」

「……ねぇ」

圧倒されたようにその子を見ていたチームメイトたちが、嫉妬《しっと》とあきらめがないまぜになったような複雑なため息をもらす。

結局、68対22という大差で六色スターズは惨敗。監督は、とくにエリたち六年生にむかって大げさなため息をついた。

「おまえらなぁ、六色スターズは全国大会の常連チームなんだぞ。それが今年は県大会もきびしいじゃないか。六色神社の七十年に一度の大祭の年だっていうのに、月毛《つきげ》の馬も泣いているぞ、まったく……」

月毛の馬。それは六色スターズのチームマスコットで、チームの旗にもししゅうされている。月毛というのは栗毛《くりげ》よりもうすいクリーム色の毛のことで、小学校の近くの六色山にある六色神社にまつられている「にじ姫さま」の愛馬が、この月毛だったそうだ。

今でも境内《けいだい》のかたすみでおなじ色の馬が飼われていて、神社のお守りにもこの馬のししゅうがある。このお守りをおそろいでバスケリュックにぶらさげるのが、六色スターズのメンバーの証《あかし》というか、ほこりでもあった。

「七峰小にあんなうまい子いたっけ？」

キャプテンの沙羅《さら》がくやしそうにいった。

「いなかった。この春東京からひっこしてきた転校生らしいよ」

エースの薫《かおる》が、魂がぬけたみたいな顔をしてこたえる。

「あんな子、男子チームにいけばいいのに」

「ほんとほんと。見ため男の子みたいだし」

監督におこられた腹いせに、チームメイトたちは口々に毒づいた。けれどエリは、ひとり小さくつぶやいていた。

「でもさぁ、すごいよ。おない年なのにあんなにうまいなんて」

エリは、どうしてもバスケがもっとうまくなりたかった。沙羅や薫みたいに、試合の後半に出られる主力メンバーになりたい。

それで、チームメイトたちに気づかれないように、綾に話しかけにいったのだった。いきなりライバルチームのメンバーに話しかけられて、綾はおどろいていたけど、「あなたのプレーにとても感動したので、いっしょに練習させてほしい」とたのみこむエリに、「ジブンは、毎朝七峰川の河川敷で自主練をしているけど……」とおしえてくれた。

それから二か月。

エリは毎朝六時に河川敷にいき、綾といっしょに三キロのランニングをこなし、体のまわりでボールをまわすハンドリング練習や、高さやスピード、姿勢を変えてのドリブル練習、いろいろなポジションからのシュート練習に汗を流してきた。こんな地味な練習をひとりでつづけてきた綾は、すごいと思った。あれだけうまくなるのもあたりまえだ。

一か月もすると完全にうちとけて、練習のあと、土手でおしゃべりするのが日課になった。学校であったおもしろいことや、勉強や家族についてのグチ、将来の夢もうちあけあったから、エリは綾が将来お医者さんになりたいことを知っているし、綾もエリが英語が好きで、海外の大学にいきたいと思っていることを知っている。

週末の練習のあとは、七峰川をわたってすぐのところにある綾の家で、おやつを食べながらおしゃべりするのが楽しみになっていた。

そんな七月の土曜日。

エリははじめて、綾のかかえるなやみをきいたのだった。

「つまり綾は……男の子、てこと?」

エリがきくと、綾はうれしそうにうなずいた。

「そう」

エリは、目の前の綾をまじまじと見つめてしまった。空気が入ってふくらんだTシャツの胸もと。ぺたんこのお腹。ハーフパンツから見えるすべすべした白いあし。女子ばっかりのミニバスの練習試合でも、きわだってきれいだった綾。

その綾が、男の子。

必死に想像しようとして、きいてみた。

「あの、それってどんなかんじ？　綾は自分の胸とかお尻《しり》とか、どう思うの？」

「あはは。エリはストレートだなぁ。……うん。すんごい違和感だよ。なんかさいきん胸ふくらんできたしさ。これ、ぜったい自分の体じゃないよってかんじ」

「自分の体じゃない……。ほんとうは男の子の体をしてるはずなのにってこと？」

「そう。去年生理がはじまったときなんかさ、サイアクだった。あ～あ、もう、このまちがった体のまま生きていかなきゃなんないのかな、とか思って」

まちがった体……。そんなふうにかんじるんだ。

「じゃあ綾は、ミニバスの女子チームに入っていることも、なんかずるいなって思ったりするの？　自分は男なのにって」

「いや、身体能力は女なんだから、べつにずるいとは思ってないけど……。でも、いやなことはたくさんあるよ」

綾は表情をくもらせて、ひとつひとつあげていった。

更衣室でチームメイトといっしょに着がえるのがとてもいやだということ。ミニバスにかぎらず、学校のプールのときの着がえとか、そもそもふだんトイレにいくときも、女子のほうにいかなければならないことが苦痛でたまらないこと。

「まわりはジブンのこと女としてあつかうだろ？　でも、ジブンは男なんだ。そのギャップがほんとうにつらくて……。更衣室ではいつも、はきそうになる。自分の体を見られるのもいやだし、まわりを見るのもいやで、緊張して、へんな汗かいて。うそついて逃げ出したこともいっぱいある」

綾はそれが原因で、前の学校の同級生とうちとけられなくなり、しだいにひとりですごすようになったそうだ。

「そうだったんだ……」

もしかしたらそれが、綾がひっこしてきた理由なのかもしれない。

「でもさ、エリといっしょにいると、なんか、こんなジブンでも生きてていいんじゃないかって思えてくるんだ」

にっこりする綾に、エリはびっくり仰天していった。

「えっ？　あたりまえじゃん。生きてていいに決まってるじゃん。綾はバスケがうまくて努力家で、やさしくて、わたしがいままで出会ったなかで最高の友だちだよ」

綾は、ちょっとおどろいたようにエリを見た。それからゆっくりと、最後はものすごくうれしそうに、顔をくしゃっとさせた。

「ありがとう、エリ」

「いやいや、こっちこそだよ」

エリはどうしていいかわからず、新しいスイカにかぶりついた。

綾はしばらくエリを見ていたけど、急にはずかしくなったのかくるんとそっぽをむいて、「あっち～。マジで暑いよな、今日」とかいいながらTシャツをパタパタしはじめた。なに照れてるんだろう。でも、綾のこういう照れ屋さんなところが、エリはほんとうに好きだ。

その日は、エリのお母さんが綾の家まで迎えにきてくれた。いつもごちそうになってわるいからと、お礼のお菓子を持ってきたのだ。

玄関で「まあまあ、ごていねいに」とお菓子を受けとるおばあちゃんの後ろから、綾がひょっこり顔を出す。

「エリ、ジブン、明日からしばらく練習にいけないかもしれない。東京のお父さんのところにいくから」

「あ、そうなんだ。わかった」

綾にはお父さんしかいなくて、いまはそのお父さんとはなれて七峰町のおじいちゃんおばあちゃんといっしょに暮らしている。でもときどきはお父さんに会いに東京にいくみたいだ。

エリはなんの気なしにうなずくと、綾に手をふった。

綾の家の広い庭をぬけ、生垣の外に出るなり、お母さんが興奮をばくはつさせていった。

「あ～、お母さん、びっくりしちゃった」

「え？　なにが？」

「あの子、佐々木《ささき》代議士の娘さんじゃない」

佐々木……？　だれだっけ。

首をかしげるエリの肩をこづきながら、お母さんがいう。

「ほらぁ、佐々木雄太郎《ゆうたろう》よ、元ニュースキャスターの。選挙のときに、あの子もいっしょにきてたのを見たわ。そのときは長い髪をポニーテールにして、すごく不機嫌そうな顔をしていたけど、きれいな子だなぁって思ったおぼえがある」

「……あ、あ～あ」

ようやくわかった。佐々木雄太郎というのは、毎回このあたりの選挙区から立候補している「議員さん」だ。ポスターやテレビで見たことがある。

「たしか奥さんは詩人のやまもと照美《てるみ》さんで、赤ちゃんを産んですぐに病気で亡くなったのよね。あ～あ、あんな安もののお菓子、やめときゃよかった。まよったのよ。如月堂《きさらぎどう》の和菓子にするか」

そういえば、選挙のときにテレビでそんなことをいっていた。佐々木代議士は元キャスターで知名度があるうえに、奥さんを早くに亡くした悲劇の人でもあり、人気が高い。

エリははっとした。

そうか。だから綾は、お医者さんになりたいのかもしれない。

綾のお母さんが小さいころに亡くなったことは知っていた。でもなんで亡くなったかまでは知らなかった。その人が有名な詩人さんだったことも、お父さんがテレビでよく見る議員さんだってことも、綾はおしえてくれなかった。

「すごい家だったわね～。古いけど庭が広くて、母屋《おもや》のほかに蔵もあって。ああいう家はむかしからの地主さんなんでしょうね。ほかにも駐車場とかマンションとか、たくさん不動産を持っているんだと思うわ。やっぱり選挙に出るには、お金がないといけないしね」

エリの胸が、もやもやとくすぶりはじめる。

自分の知らない綾の背景を、お母さんから知らされたことに腹がたつ。なんで綾はおしえてくれなかったんだろう。そのことも悲しかったし、自分と綾の透明な関係が、選挙とかお金とか、そういう言葉で汚された気がして、顔がこわばってくる。

「お母さんなんてなんにも知らないくせに」

「え?」

「綾のこと、なんにも知らないくせに。それに如月堂なんか箱ばっかり高くて中身は大したことないとかいって、いままで買ったことないじゃん。へんな見栄はらないでよ」

「はぁ? なによそのいいかた。あんたのためにあいさつにきたんじゃないの」

お母さんはぷりぷりして、七峰橋を足早にわたっていく。しきりに髪をなでているのは、さいきん美容院代をけちるせいで、傷みがめだってきたのを気にしているからだ。

そのあとを追いながら、エリは考えた。

綾は綾だ。お父さんがだれとか、関係ない。正直、男だとか女だとかもどっちだっていい。

ただ自分は、バスケがとびきりうまくて、かしこくて、でも照れ屋さんで、笑顔がすてきな綾という子が大好きなだけなんだ。

それから二週間。綾は、一度も朝練にすがたを見せなかった。

エリはひとりで河川敷にいき、綾がいなければとうていできるようにならなかった地味な反復練習を、コツコツとやりつづけた。

今日から夏休みだという日の朝。

エリはゆううつな思いで、またけんかをはじめたお母さんとお父さんをながめていた。

「なんでコンビニでこんなに買い物してくるのよ。スーパーで買ったほうが安いでしょ」

「そんなこまかいことでぐちぐちいうなよ。ちょっと酔ってたんだって」

「そもそも飲み会が多すぎるのよ。あなたの一回の飲み代はわが家の一週間ぶんの食費とおなじなの。せめて一次会だけにするとか、もうすこし考えてよ」

「つきあいなんだから、しかたないだろ。ああ、もう。会社におくれる。なんで朝っぱらからこんないいあいをしないといけないんだ」

お父さんはエリを押しのけるようにして玄関にむかうと、乱暴にドアをしめて出ていった。

怒りがおさまらないお母さんは、エリにまであたりちらす。

「エリ！　あんたも夏休みだからってだらだらしてないで、図書館にでもいって勉強しなさい！」

エリは思わずため息をついた。

もう、かんべんしてよ……。

せっかくの夏休みだし、家でごろごろしていたかったけど、とてもそんな雰囲気ではない。しかたがないので、バスケリュックに水筒と宿題をつめて家を出た。

「前はこんなことなかったのにな……」

結局、どっちもどっちなのだ。ムダづかいが多くて、しょっちゅうお母さんの財布からお金をぬきとるお父さんもだらしないけど、お母さんがお父さんにないしょで、一個ウン万円もする高いクリームを買っていることもエリは知っている。

お金お金って、お金がないのは自分たちのせいじゃん。自分たちの若いころの努力とか、いろいろな選択の結果でいまがあるんじゃん。それなのに、不満をいったり、けんかしたりするのってほんとうにかっこわるい。

結局、お昼も家に帰らずにエリは図書館で本を読んだり、映画を観たり、ＣＤをきいたりしてすごした。

夕方、図書館を出ようとすると、沙羅と薫にばったり会った。

「あ、エリ」沙羅が、ぱっと顔をかがやかせる。

「わたしたち、ちょうどエリの話をしていたところなんだ」

「さいきんのエリ、まじやばいよねって。動きもよくなったし、シュートの確率もあがったし。

たぶん、もうすぐ『後半』になるよ」

薫の言葉に、エリは「えっ」とさけんでしまった。

「ほんと？」

「うん。監督がそういってた」

やった！　思わずガッツポーズしてしまった。

「おめでとう！」

「全国大会めざして、いっしょにがんばろ」

沙羅と薫がエリの手をにぎってくる。

「うん。ありがとう！」

綾のおかげだ。綾が、へたっぴな自分に根気よくつきあってくれたから。

エリは、朝練で綾がおしえてくれたことを思い出した。

『パスは動きながらもらう、が基本だろ。ミニバスは、動くことでチャンスを作るスポーツなんだから』

『エリはさ、トリプルスレッドのあとに、いったんボールをさげて反動をつけるクセがあるんだよ。そうするとワンテンポおそくなっちゃう。イチ、ニイ、サンのリズムじゃなくて、イチ、ニイだよ。イチ、ニイ』

なかよくなってみると、綾はかなりの鬼コーチだった。ときどき腹がたって「綾なんて、歯にパセリついてるくせに」「Tシャツけろっぴのくせに」とかぜんぜんちがうところで反撃してみたけど、綾のいうことはいちいちもっともで、おかげでエリは、自分でも「見ちがえるほど」って思うくらい上達することができた。

綾はほんとうにエリのことを思って、きびしいことをいってくれていたのだ。でも、自分はどうだっただろう。綾のなやみを、ちゃんと受けとめられていただろうか。綾が自分にしてくれたのとおなじくらい、綾に返せていただろうか。

沙羅たちと別れたあと、エリの足は河川敷にむかっていた。綾に会いたい。もうずっと会えていないから、顔を見たら抱きしめてしまいそうだ。

いつも練習しているコートが見えてきたとき、エリはゴールポストの下に人影がうずくまっていることに気づいた。

泣いてる？

だれもいないコートで、人影はゴールポストにもたれて、両あしをなげ出すようにすわっている。うつむいて、ときおり肩がふるえているのは、たぶん泣いているからだ。

エリは、スニーカーで土手をすべりおりた。夕暮れどきで、目に見えるものすべてが赤く染まっている。七峰橋やゴールポスト、風よけネット、転がったボールまでもが、長い影を落としている。

人影の顔がわかる位置まで近づいたとき、エリはおどろいてさけんだ。

「綾！」

泣いていたのは綾だった。長い腕を両目にあてて、ひく、ひく、としゃくりあげている。大粒の涙がぽたぽたと落ちて、ジーンズをぬらしていた。

エリがすぐそばまで近づくと、綾はおどろいたように顔をあげた。

「すごい。ほんとうに会えた……。ここにきたら会えるかもって思ったんだ」

両手でごしごし顔をぬぐうと、にっこり笑ってエリを見る。

胸のおくがきゅうっとなった。そんなに会いたいと思ってくれていたんだ。わたしもだよ、綾。

わたしも会いたかった。でも、こんなふうに泣いているなんて。

「いったいどうしたの？　なんでこんなとこで……」

「へへ……。逃げてきたんだ。東京から」

「逃げてきた？」

「うん。お父さんが、来年S女子を受験させるから、すぐに東京に帰ってこいなんていうから」

「S女子⁉」

それは、エリでも知っている有名なお嬢様学校だった。そこに通う生徒はみんなつやつやの長い髪を肩にたらして、ピアノやバイオリンを優雅に弾きこなし、指をそろえて「ごきげんよう」とあいさつするイメージがある。

心は男の子なのに、体が女の子であることで深くなやんでいる綾。更衣室やトイレを使うときに、とてもいやな思いをするという綾。そんな綾にとっては、地獄みたいな生活になるんじゃないだろうか。

「綾のお父さんは知らないの？　綾がなやんでいること」

「……うん。親にはいえないよ。ジブン、トランスジェンダーのことといえたの、エリがはじめてだったんだ」

「え……」

「エリはさ、ライバルチームにいるジブンに、なんのためらいもなく声をかけてきただろ？　そのとき思ったんだ。この子は、なんていうか、自分の心で見たことに素直になれる子なんだなって。だからうちあける気になれた。そしたら思った通り、心は男だなんていうジブンのこと、エリはそのまま受けとめてくれた」

綾は、うれしそうにエリを見た。大好きな綾の笑顔。胸がじんとする。

「東京の友だちはさ、みんなジブンの親が有名人だから、そういうのありきで寄ってくる。だれもほんとうのジブンを見ようとしてくれなかった。それでいやになって、この町にきたんだよ。だからもう、もどりたくない。ジブン、エリといっしょにいたい。エリといっしょの中学にいきたい」

うぅ～、とうなって、綾はまたひざに顔をうずめた。

せつなさが、ひしひしと伝わってきた。自分よりずっとおとなで、落ちついていると思っていた綾。その綾が、小さい子どもみたいに肩をふるわせている。

エリは、綾の肩を両腕でぎゅっと抱いた。

「じゃあさ、綾、そうすればいいじゃん。そうしよ？　おばあちゃんとおじいちゃんにたのんで、綾がここにいさせてもらえるようにしようよ」

「う、ん。そう思って、ひ、ひとりで新幹線にのってきたんだけど、ふたりとも、どこにもいなくて。それで、心ぼそくなって……」

「そっか……」

エリは、綾のとなりに腰をおろした。

空は、赤から藍《あい》へ変化しようとしている。足をなげ出して、しばらく空をながめた。

このまま綾とふたりで、どこかにいっちゃえたらいいのに。

だれも知らない町で綾とふたりで暮らす。いっしょにテレビを見たり、ごはんを作ったり。気がむいたらバスケして、買いものもして。綾は私服がダサいから、わたしがコーディネートしてあげよう。綾にはきっと、ボーイッシュなロゴTに黒ジーンズなんてよくにあう。ハーフパンツにハイカットのスニーカーも捨てがたい。あとは――。

そのとき、となりでするどい声がした。

「あっ」綾が、七峰橋を指さしていう。

「あれ、お父さんの秘書の人たちだ」

見ると、スーツすがたの男の人が三人、橋を渡ってくる。のっぽ、太っちょ、中肉中背《ちゅうぜい》。体つきはぜんぜんちがうけど、ぴしっとしたスーツの着こなしがそっくりだ。

きゅうに現実に引きもどされた。綾が不安げな顔をしてエリを見る。

「どうしよう。ジブンをさがしにきたんだ……」

三人は、まだここに綾がいることに気づいていない。そのことがわかるや、エリは綾の手をぎゅっとつかんだ。

「綾。逃げるよ!」

土手をかけあがり、県道沿いのコンビニの裏口をぬけて、六色駅前商店街に出る。夕暮れのにぎわいを見せる商店街は、本屋や居酒屋がこうこうと明かりをともしている。いそいで通りすぎ、こんどは人気《ひとけ》のない県道を山にむかって走る。

すっかり暗くなり、見あげると無数の星がまたたいていた。

そのとき、銀色にかがやく星々のあいだを、奇妙な光が横切っていくのが見えた。

あれ？　なんだろう。

思わず立ちどまった。光は赤、オレンジ、黄、緑、青とゆっくり色を変えながら、まっすぐ移動している。

「あれってさ……飛行機？」

綾を見ると、綾もふしぎそうに空を見あげていた。

「飛行機より低い場所を飛んでいるみたいだけど……。それに、にじ色に光ってるよね」

「にじいろ……あ！」

綾の言葉をきいて、エリは思い出した。

そうだ、今年は、にじ姫さまが天から降りてくる年――。

にじ姫さまは、六色町に住む子どもたちにとって、もっとも身近な神さまだ。美しい女神や犬、若者、幼い子どもなど、さまざまなすがたで現れては村人たちを助けてくれたという民話を、小さいころから絵本で読まされる。今年は七十年に一度、そのにじ姫さまが天から降りてきて、ねがいごとをかなえてくれる年だといわれている。

エリはもう一度、空を横切るにじ色の光を見た。

「綾、あの光、にじ姫さまかもしれない」

「にじ姫さま？」

「うん。にじ姫さまなら、きっと綾のねがいをきいてくれる。綾、六色神社にいこう」

エリは、綾の手を強くにぎりなおした。

神社の鳥居をくぐると、石だたみの参道が拝殿までのびていた。右手に手や口を水で清める手水舎《ちょうずや》があり、そのむこうに社務所と馬のいる厩舎《きゅうしゃ》がある。

エリたちは汗びっしょりになった顔と手を、手水舎でばしゃばしゃと洗った。駅前から県道を一キロ、アスファルトの山道を三キロ。毎朝ランニングをつづけてきたふたりにとっては、距離は大したことなかったけど、さすがに上り坂はきつい。

境内には本殿以外にいくつものお社《やしろ》があって、それぞれちがう神さまがまつられている。ぽつりぽつりと外灯がともるだけの暗い境内を、にじ姫さまの祠《ほこら》にむかって歩き出そうとしたとき、鳥居のむこうで車のとまる音がした。

とっさにしゃがむと、ドアが開く音がする。

「ほんとうにこんなところにいるのかな？」

「女の子がふたり、登山口に入っていったっていう情報があてになるんならな」

さっきの三人組だ。エリは綾の肩を抱いて、手水舎のかげで身をかたくする。ひざの裏が汗でびっしょりぬれて、お尻がすべりそうになる。

「とりあえずさがしてみよう」

懐中電灯の光が三つ、すぐそばを通りすぎていった。

「エリ、どうしよう。見つかっちゃう」

不安そうに耳うちする綾の手をにぎって、エリはいった。

「厩舎にいこう。馬がいる場所ならこわくないし、わらのなかにかくれられるかもしれない」

社務所へ移動し、テレビの音が流れてくる窓の下を身をかがめて通りすぎる。庭に出ると、せまい敷地のすみにトタン板で作られた厩舎が見えた。

「なんか、動物園のにおいがする」綾がいった。

たしかにくさい。馬のフンのにおいだろう。けれど、木の板で作られた柵《さく》のむこうをのぞくと、黒いつぶらな瞳《ひとみ》がエリたちを見かえした。

「いた！　ほんとうに馬だ。白いね」

「明るいところで見たらクリーム色だよ。月毛だからね」

馬はぶるる、とかすかに鼻を鳴らし、豊かなしっぽをふぁさ、ふぁさ、とゆらした。エリにはそのしぐさが、おいでっていっているように見えた。

「おいでって」

「エリ、馬語わかるの？」

なんとなくそう思うだけだけど、バスケを通してずっと身近にかんじてきた馬だから、通じあっ

ている自信がある。さっそく柵をくぐって、馬のそばにいった。エリはそのあたたかい体にふれて、顔をくっつけてみる。

「あ～、なんか安心する」

馬はおとなしくぶるる、としっぽをふっている。歓迎してくれているみたいだ。

社務所のほうで、あわただしいもの音がした。人が走る気配がし、宮司《ぐうじ》さんのあわてた声がきこえる。

「え、佐々木先生のお嬢さんが。わかりました。すぐにさがしましょう」

「おねがいします」

三人組の声だ。まずい。

「エリ……」

綾が、ふるえる手でエリの手をにぎった。

万事休すか。エリは唇《くちびる》をかんだ。このまま綾は秘書の人たちに無理やりつれていかれて、東京に帰るしかないのだろうか。これから何年ものあいだ自分にうそをついて、お嬢様として生きていくしかないのだろうか。

そんなのない。そんなの無理だよ、ひどいよ。

エリは、バスケリュックにぶらさげたお守りをにぎりしめた。

「にじ姫さま、おねがいします。どうか綾を助けてあげてください」

月毛の馬がししゅうされた六色神社のお守り。きんちょうや不安で逃げ出したくなったとき、いつも心のささえになってくれたにじ姫さまのお守り。

……どうか、どうか、おねがいします。にじ姫さま！

どのくらい祈っただろう。

ほおの横をびゅんびゅん吹きすぎる風に、エリは気づいた。

うっすらと目を開けると、白いたてがみが見える。自分の手がそのたてがみを、しっかりとにぎりしめている。風が、ものすごい勢いで顔や耳をなぐりつける。

痛い。風が痛い。

腰にまわされた腕に気づいて、ふりむくと綾がエリにしがみついていた。

「綾！　なにこれ？」

「わかんない。けどジブンたち、馬にのってる！」

たしかに、エリたちは月毛の馬にのっていた。そして眼下《がんか》を見おろすと、そこには信じられない光景が広がっていた。

「うわ～ぁ！」

山や、木々や、暗い川、光が連なる道路や、かがやく大小の街々……。

馬は、空を翔《かけ》ていた。いつの間にこんなことになったのか、エリにはわからない。ただいえることは、いま自分たちは月毛の馬にのって、飛行機くらい高い場所を飛んでいて、いま手をはなしたら地上までまっさかさまだということだ。

エリは、馬のたてがみを強くにぎりなおした。手にびっしょり汗をかいている。

いくつもの町をぬけ、建物の光が密集した都会の上空にやってきた。前を見ると、ひときわ高い光る塔のようなものがそびえている。エリはそれを、テレビで見たことがあった。

「スカイツリーだ！　綾、ここ、東京だよ。むこうに東京タワーも見える」

エリの言葉に、綾がこくこくとうなずく。

空から見おろすと、東京の街は意外と緑が多かった。街明かりの合間に、黒々とした森がいくつも見える。ひときわ大きな森が近くにある宮殿のような建物が見えてきたとき、馬は一直線に地面にむかいはじめた。急に馬の体が下をむいたので、あわてて馬の首にしがみつく。

地上が見る間に近づいてくる。ぴかぴか光る都会を歩く、たくさんの人たちや車が見える。でも、だれも空飛ぶ馬には気づいていないようだ。まるで、透明馬と透明人間にでもなったみたいに。ふしぎなことばかりで、エリは頭がくらくらしてきた。

「ここ、国会議事堂だ」

綾がいった。ああそうか。そういえば、社会の教科書にのっていた気がする。

馬はその建物の窓のひとつに近づき、空中で静止した。なかをのぞくと、応接室みたいな部屋だ。高級そうなソファセットがおかれ、綾のお父さんの佐々木代議士がだれかとむかいあっている。

「見て、綾のお父さんだよ」

「ほんとだ。あ！　おじいちゃんとおばあちゃん」

綾が、代議士のむかいに座っている人を見ていった。ほんとうに綾のおじいちゃんとおばあちゃんだった。そうか。東京にきていたから、七峰町の家にいなかったんだ。

三人は、あまり楽しくなさそうな表情でむかいあっていた。なんの話をしているんだろう。

「……だから、S女子に入っておけば、その上のS医科大学に入りやすくなるんだよ」

開いた窓から、代議士のイライラした声がきこえてきた。

「ずっと田舎に住んでいる人間にはわからないかもしれないけど、S女子っていうブランドは大きいんだ。綾が将来結婚するときにも、きっと役に立つ。おれだって綾のためを思って……」

「でもそれは、ほんとうにあの子がのぞんでいることなのかい？」

綾のおじいちゃんの落ちついた声がした。おじいちゃんは口数はすくないけど、いつも綾のことをやさしい目で見守っていて、エリのことも気づかってくれる。

「ねえ雄太郎、あの子はどうして七峰町にきたのかしらね。わたしたちにはどうしても、綾が東京にもどりたがっているようには見えないのよ」

おばあちゃんの声もする。遊びにいくたび、手作りのおやつやフルーツを用意してくれるおばあちゃん。ふたりの声は小さくてよくきこえないけど、「もっと綾のことをちゃんと見てあげなさい」とさとしているようだ。

代議士は、がまんできない様子で席を立った。ときどき部屋のおくから反論するようになにかいったけど、年老いたふたりにきぜんとした調子で返されて、最後はうなだれて耳を傾けていた。

ふたりを部屋から送り出すと、代議士はふう、と大きなため息をついた。ふいにこっちをむくと、窓辺に近づいてくる。

「わ、やばいっ」

エリはあわてて体を低くした。でも「透明人間効果」はここでも有効なようで、代議士にはエリたちのすがたが見えていないらしい。代議士は夜空を見あげると、ささやくように語りかけた。

「照美……。やっぱりおれひとりじゃダメなのかな……。情けないけど、綾がなにを考えているのか、おれにはさっぱりわからないんだ。……おれだって、綾のためを思っているつもりなのにな。……おふくろにいわれたよ。子どもを自分の理想の枠《わく》に押しこめようとするなって。あんただって、親のいうことなんてひとつもきかなかったじゃないかってさ」

代議士は、そこでなにかを思い出したようにふっと口もとをゆるめた。それからやさしい目で空を見あげると、しばらく星空をながめ、かばんを持って静かに部屋を出ていった。

「お父さん……」

綾のつめたい手が、エリの腕をぎゅっとにぎった。

手のふるえから、綾の迷いが伝わってきた。どうしよう。やっぱりS女子にいったほうがいいのかな。お父さんも、自分のためを思って考えてくれている。自分さえがまんすれば、お父さんにあんな顔をさせずにすむ。あと六年、がまんして女の子を演じれば――。

そんなふうに考えていることが、なんとなくわかった。綾はけっして、お父さんのことがきらいなわけじゃない。むしろその逆だ。ほんとうはお父さんをこまらせたくないし、できればよろこばせたいと思っているのだ。

でもさ、綾。

綾はいままでずっと、そうやってがまんしつづけてきたんじゃないの？　それがもう限界だったから、七峰町にきたんじゃないの？

月毛の馬は、ふたたび夜空へとかけあがった。

「ちょ、ちょっと、どこにいくの？」

馬は一直線に月をめざし、どんどんスピードをあげていく。

エリは、必死にたてがみをつかんだ。エリの腰を抱く綾の腕にも力がこもる。はるか下に見える街明かりや上空の星たちが、猛スピードで後ろに流れていく。

そのうち周囲から音が消え、エリたちは光のトンネルのなかにいた。馬は全速力で移動している。なのにとても静かだ。強い風がほおをたたくけど、まるで音がしない。うすく目を開けると、トンネル内はぼわん、ぼわんとにじ色に光っている。赤、黄、緑、青……。とてもきれい。

わたしたちはどこにむかっているんだろう。

そう思って目を閉じたしゅんかん、空気が変わった。

「あれ？」

つめたくさわやかな風がふいている。目を開けると、エリたちは光あふれる森の中に立っていた。太陽の光がふりそそいで、緑の木々をいきいきとかがやかせている。月毛の馬はすがたを消していた。

「まぶしい……」綾が、空をあおいでいった。

ゴーン、ゴーン、ゴーン……。

にぶく軽やかな鐘の音が、どこかからきこえてきた。教会の鐘みたいだ。

綾といっしょに森の小道を歩いていくと、開けた場所にたくさんの人が集まっているのが見えた。なんだろう。なにかイベントでもあるのかな。そう思って人々の輪に加わったとき、目の前の教会の扉が開いた。すがたを現したのは、真っ白なドレスに身をつつんだ女の人だ。

「うわぁ、花嫁さんだ！」

まわりの人たちが拍手かっさいするなかを、美しい花嫁さんがゆっくりと歩いてくる。でもその様子がよく見る結婚式の光景とちがうことに、エリは気づいた。

「あ、あれ？」

階段をおりてくる花嫁さんは、ひとりではなかった。ウエディングドレスを着たふたりの花嫁さんが、幸せそうに腕を組み、集まった人々に笑顔をふりまいている。

「花嫁さんが、ふたり？」

「おめでとう！」

「お幸せに！」

人々が口々にお祝いの言葉をかける。となりの綾を見ると、ぽかん、と口をあけてその光景を見つめていた。エリは思わず、近くにいた男の人にきいた。

「あの、すみません、花婿《はなむこ》さんは……？」

「え？　いないよ。結婚するのはあのふたりだからね」

おじさんはにこにこ顔でいった。

「え？　女の人どうし？」

おどろいたエリに、逆におどろいたという顔をしておじさんはいった。

「べつにめずらしいことじゃないだろう？　法律でみとめられてからは、かなり増えたから」

「え……」

そうだっけ？　となりの綾に目で問いかけた。綾は目を見開いて首をふっている。知らない、という意味じゃなくて、そんなはずはない、といいたいようだ。

あたりを見まわしてみると、そこは広い結婚式場だった。教会以外にも和風の建物や、おしゃれなレストラン風の建物がある。綾とふたりですこし歩いてみることにした。

「おかしいな。いまの日本の法律では、女どうしや男どうしの結婚はみとめられていないはずだよ。ジブン、調べたことあるもん」

綾がいう。エリも、花嫁さんふたりの結婚式なんてきいたことがない。自分たちが知らない間に、世の中が変わってしまったのだろうか。

そのとき、中学生らしい子どもがふたり、手をつないでエリたちの前を横切った。むかった先にはめだたない小さな建物がある。どうやらトイレらしい。

エリは、ふたりのうちひとりが、変わった制服を着ていることに気がついた。生地はよく見る素材だけど、ボトムスが、ズボンの上にスカートを重ね着したようなデザインなのだ。その子は女子トイレと男子トイレの間の、「だれでもトイレ」と書かれたドアのなかに入っていった。

「へえ、めずらしい。『だれでもトイレ』がある。ここ、いい結婚式場だね」

綾がうれしそうにトイレに近づいた。ふたりで扉の前に立ったとき、さっきの変わった制服の子が飛び出してきた。

「わっと、ごめん」

ぶつかりそうになってあやまったその子に、親しみやすさをかんじて、エリはきいてみた。

「その制服、変わってるね。でもすごくおしゃれ。どこの中学校?」

するとその子は、きょとんとした顔でいった。

「え？　ユニセの制服なんて、いまどきどこの中学にもあるでしょ」

「え？」

「自分、体は男だけどいまいち男っていう認識《にんしき》が持てないタイプだからさ、とりあえず制服はユニセにしとこっかと思って」

「え、え？　ゆにせ……？」

　なんのことかわからず、エリは目を白黒させてしまった。するとその子はふしぎそうな顔で、

「ユニセックスのことだけど。なに？　きみらまさか、まだ制服が男用と女用しかなかった時代の人？」まさかね、とでもいいたげに笑っていう。

「いまはどの学校にも、ズボンタイプ、スカートタイプ、ユニセックスタイプの制服があるんだよ。だれがどれを選ぶかは自由。着るか着ないかも自由。まあ、こういうフォーマルな席では便利だし、毎日服を考えるのめんどうだから、ほとんどの子がどれか一枚は持ってるけど」

　エリはあんぐり口を開けた。綾もおなじ顔をしてその子を見つめている。

「ほんと、ひとむかし前の話をきくと、おかしな世の中だったんだなぁと思うよね。水着に体操服、トイレや更衣室まで、男女の二種類しかなかったっていうんだから」

　そういってその子がにっかり笑ったとき、女子トイレからもうひとりの中学生が出てきた。こ

の子はふつうのスカートをはいている。

「ごめ～んアキト、おまたせ」

「ううん。あ、この子、自分の彼女なんだ。かわいいでしょ」

「ユニセ」の子が、彼女の手をとってはずかしそうに笑った。

いっしゅん後、エリは思わずききき返してしまった。

「え？　彼女いるの？　あなた、自分のこと男と思えないっていってなかった？」

頭がこんがらがってきたエリに、その子はあきれたようにいった。

「きみのまわりは、よっぽど古いタイプの人間しかいないんだねぇ」

それから「じゃあね」と手をふると、かわいい彼女とふたりでどこかにいってしまった。

「……なんか、ここ、へんだ」

綾が、てのひらでおでこをこすりながらいう。たしかに、なにかがおかしい。

街に出てみると、そこはビジネス街だった。ビルの谷間から東京タワーが見える。ということは、自分たちはまだ東京にいるのだ。スタバや、見慣れたコンビニの看板もある。

でも、どこかへんだ。

綾とふたりで歩きながら、エリは注意深くまわりを観察した。ちょうどお昼どきらしく、スーツすがたのおとなたちがたくさん歩いている。紺やグレーのスーツにシャツ、ネクタイ。

「あれ？」

スーツすがたの人とすれちがったしゅんかん、エリは思わずふりかえった。

長い茶髪を、後ろでひとつにまとめている。前から見るとわからなかったけど、あの体つきは女の人だ。チェックのジャケットにズボン、ネクタイと服装は完全に男の人だし、それがむちゃくちゃにあってるけど。

「エリ、見て。あの男の人、スカートはいてる！」

綾が、通りのむかいを歩いていく男の人を指さしていった。見ると、髪の短いさわやかなかんじのビジネスマンが、紺色のジャケットにネクタイをしめて、長いスカートをはいている。

「どこかへんだ」とかんじた理由がわかった。歩いている人々のなかに、男女の区別がよくわからない服装の人がけっこういるのだ。それがあまりにも自然だったから、しばらく気づかなかった。

「いやぁ、やっぱり東京はすすんでるねぇ」

すぐそばのバス停で、のんびりした声がした。見ると観光客らしいおじいさんが、となりのおばあさんに話しかけている。おばあさんはあきれたように、

「あら、まだそんなこといって。『ジェンダーレスファッション』っていうのよ。さいきんではうちの近所でもみんなそうよ。性別なんて、本人にきかないとわからない時代なんだから」

そういってあたりを見まわすと、

「男だとか、女だとかっていう線引きがどんどんなくなっていくわねぇ。いまは専業主夫の男の人も多いし。ほら、田中《たなか》さんとこのヒロちゃんだって、男どうしで結婚して子どもまでいるでしょ？　いまは、家族の形だって自由に選べるのよ」

おばあさんの目線の先では、男の人ふたりが、まんなかに三歳くらいの男の子をはさんで手をつないでいた。せえの、でブランコみたいに両側から持ちあげるたび、男の子は「キャッキャ」とものすごくうれしそうに笑う。

そのとき、スタバのオープンテラスから笑い声がした。

「あはは、見て。あの子かわい～」

大学生くらいの若いお姉さんふたり組だった。男の人にブランコしてもらう男の子を、目をほそめて見つめている。

「あ～、私も早く子どもほしいなぁ～」

髪の長いお姉さんが、両腕を頭の後ろにまわしていう。短いお姉さんが意外そうな顔で、

「え、そう？　こないだはバリバリ仕事したいっていってなかった？」

「うん、したい。でも、子どももほしい。うちのマーちゃんも、男になる前に子ども産んでおいてよかったっていってるし」

え？

お姉さんの言葉がひっかかって、エリは耳をそばだてた。すると髪の短いお姉さんが、

「ああ、あんたんとこの『元お母さん』ね」

「そう。ずっと性別に違和感があったらしくて、私を産んでからもずいぶんなやんで、結局男になることにしたから、いまはふたりめの『お父さん』だけど」

え、え？　お姉さんを産んでから男になった？　お母さんが、いまはふたりめのお父さん？

エリは頭がくらくらしてきた。

「なかいいよねぇ、ふたり。いまでも手をつないでデートとかしてるんでしょ？」

「うん。お父さんも、もともとマーちゃんの男っぽいところもふくめて好きになったみたいだから、マーちゃんが女だろうが男だろうがどっちでもいいみたい」

「ま、たしかに、体や心の性別がどうあれ、その人であることに変わりはないもんね。……あ、そうだ。今日の午後の講義なんだけどさ……」

お姉さんたちはコーヒーを飲みながら、楽しげに会話をつづけている。

「エリ……」綾がいった。

「ジブン、夢でも見てるのかな」

夢。そうだ。ここはきっと、月毛の馬がつれてきてくれた夢の世界。

でも——。

「綾、たぶんこれは、未来だよ」

エリはそういって、もう一度あたりを見まわした。街なみはいまとほとんど変わらない。だから、そう遠い未来ではない。けれど、そこにいる人たちの意識は大きく変わったのだ。

結婚式場にもどると、月毛の馬がまっていた。

エリと綾は馬の背にまたがると、ふたたびにじ色にかがやくトンネルをぬけた。そして、月と星と音がある、夜の東京にもどってきた。

そこからまたいくつもの町をこえ、山をこえ、あっという間に見なれた町なみが見えてくる。

「綾！　六色町にもどってきたよ」

月毛の馬は、六色神社へはむかわずに、駅にむかって下降しはじめた。

町の光がぐんぐん近づいてくる。そこから駅の北側に進路を変えると、エリの住む町営団地の、九号棟三階の前で静かにとまった。

エリの家のベランダがすぐそばにある。開いたはきだし窓のむこうで、お父さんとお母さんが顔を寄せあっているのが見える。

「見て。この調子で貯金していけば、あの子の留学費用、なんとか用意してあげられそうよ」

お母さんが、通帳を指さしてふふんと胸をはる。お父さんもにやりと笑うと、

「そうか……。よし、わかった。これからは、おれも飲み会すこしへらすよ」

どきんとした。

そうだったのか。

ふたりがけんかしながら必死に節約しようとしはじめたのは、エリのためだったのか。

エリがすこし前に、「海外の大学にいきたい」なんていい出したから……。


翌朝早く、厩舎のわらのなかで眠るふたりの小学生を見つけたのは、馬の世話をしにやってきた宮司の奥さんだった。

エリは、お父さんとお母さんにこっぴどくしかられた。綾は、東京から飛んで帰ったおじいちゃんとおばあちゃんに、骨がおれるかと思うくらいきつく抱きしめられた。

その後。

綾は、おじいちゃんとおばあちゃんの家にもどった。

けれどお父さんとも何度も話しあって、夏休みが終わる前に東京へ帰ることになった。S女子ではなく、共学のインターナショナルスクールを受験することにしたそうだ。そこは自由な校風で制服もなく、海外への留学制度がととのっているという。

河川敷で最後にいっしょに練習した日、綾はいった。

「あのさ、ジブンが医者になりたいっていってたのは、お母さんが病気で死んじゃったこともあるけど、ほんとうはさ、『お母さんの死をわすれないために、医療の道をめざす』っていうことを、お父さんがすごくよろこんでくれたからなんだ」

「そっか。そうだったんだね」

「うん。……でも、エリといっしょに馬にのったあの夜、思ったんだ。もっと自由になってもいいんじゃないかって。いままでみたいに『こうでなくちゃいけない』とか『こうじゃない自分はダメだ』とか思わないで、もっと広い世界を見て、ほんとうにやりたいことをさがしてみようって」

そういう綾の顔は、いままでに見たことがないくらいかがやいていた。

じつはエリにも、心に決めたことがあった。

いままではただ英語が好きで、外国で暮らせたらかっこいいな、くらいの軽い気持ちで「海外の大学へいきたい」といっていた。でもいま、はっきりとやりたいことができたのだ。

海外でファッションの勉強がしたい。そして未来の世界で見たみたいな「ジェンダーレスファッション」を、自分の手でデザインしてみたい。男の人にも女の人にも、綾みたいな子や「ユニセのアキトみたいな子にも、「かっこいい」「着てみたい」と思ってもらえるような、新しい服を。

そのために、高校生になったらバイトしてお金をためよう。自分の夢のために、自分で努力するのだ。

「エリ、ジブンが東京にもどっても友だちでいてくれる？」

「もちろん！」

エリは大きくうなずいた。だいじょうぶ。だって目をつぶれば、わたしたちはふたりで馬にのっている。月毛の馬にのって、夜空を翔ている。

そうしたら、ほら。東京なんてこんなに近い。

「ジブン、これからもミニバスはつづける。だからエリ、三月になったら東京で会おうね」

「うん。会おう。代々木《よよぎ》体育館で」

エリは、にっと笑ってVサインを返した。
桜の花が咲くころ。
わたしたちはきっとすこしだけおとなになって、すこしだけ未来に近づいている。

むじな踏切の怪

「ずっと好きだったんだ。おれと、つきあってもらえないかな」

強い日ざしが中庭をじりじり焼いていた。

五木《いつき》はとうぜんのように美穂《みほ》を日かげに立たせ、自分は汗まみれになって美穂を見つめている。

美穂は、自分の顔がこわばっていくのがわかった。そのままなにもいえず、うつむいてしまう。

五木は口もとをぎゅっとへの字にむすぶと、視線を落とした。

「まあ、返事はいまじゃなくていいから。……期待しないでまってるよ」

「あ、ちょっとまって」

傷ついた様子で背をむけた五木を、思わずよびとめる。けれど五木は、ふりかえることなく歩いていってしまった。

「まってってば……」

美穂は、小さいころから男子に恋をしたことがない。

そもそも自分が女なのか男なのかも、いまいちはっきりしない。あえていうなら女よりの中間かな？　というかんじで、「わたし」も「ぼく」もしっくりこないので、自分のことは「ウチ」ということにしている。

中学二年生になっても「恋愛のときめき」みたいなものをかんじたことがなく、まわりの女子たちの恋バナはもちろん、少女漫画や、映画やドラマの恋愛にも共感できたためしはない。

だから、五木のことは男女ひっくるめた友だちのなかで一番好きだとは思うけど、その「好き」と五木のいう「好き」は、たぶんちがう。

さっきの五木の、熱を持った目。感情がほとばしり出たような顔つき。

自分はあんなふうにはなれない。あんなふうに気持ちをぶつけられると、かえってつめたくさめてしまう。

「あ～あ」

家への道をひとりで歩きながら、深いため息をついた。これで自分は、大事な友だちをひとり失ってしまうのだろうか。

五木博則《ひろのり》は美穂の同級生で、六色《ろくしょく》中学地理歴史研究部（通称地歴部）の部活仲間でもある。歴史がなにより好きな美穂は、五木と戦国時代について話したり、図書館でいっしょに調べものをしたりする時間がとても好きだ。

でもそれももう、いままでみたいにはできなくなるのかもしれない。

「はぁ～あ」ため息ばかりが量産されていく。

そもそも、「つきあう」ってなんだろう。「つきあう」ことにした前とあとで、いったいなにが変わるというのだろう。

……わからん。

美穂は家につくと、まっすぐ自分の部屋にむかった。荷物をおき、薙刀《なぎなた》をひっつかんで制服のまま庭に出る。

刃部が竹でできた競技用の薙刀は、長さ二メートルちょっと、重さは七百グラムほどある。美穂は歴史を学ぶうちに興味がわいて、薙刀部も兼部しているのだ。

スカートの重みをひざにかんじながら、腰を落とし、おへその下に力をこめる。

「えぇ～いっ」

夕暮れのぬるい空気を、上から下へするどく切りさいた。石突《いしづき》で足もとをはらい、ふたたびふりおろす。

「めぇ～んっ」

薙刀の長さと遠心力が、自分の力を何倍にも大きくしてくれる。

平安時代から室町時代にかけて、馬上の敵と戦う歩兵に強い自信をあたえてくれた武器。

気をぬくと五木の傷ついた顔が頭にうかぶので、美穂は腕に意識を集中させ、見えない敵をたおしつづけた。


海の日の月曜日、薙刀部の練習試合の帰りに、美穂はほかの女子部員たちといっしょに駅前のマックに立ちよった。

「A組の佐竹《さたけ》とC組のリナちゃんがつきあいはじめたらしいよ」

布袋《ほてい》さんみたいなほっぺをした英子《えいこ》が、クッキー&クリームが大量にのったシェイクをすすりながらいう。

「えぇ~、マジで?」

さくらがつやつやのマッシュルームカットをゆらしてききかえす。

「あのふたり、前はべつの人とつきあってなかった?」

「うん。佐竹はユウコちゃんと、リナちゃんは山下《やました》と。けど別れたみたい」

「新しく好きな相手ができたから、前の彼氏彼女はすてたってこと?」

「ひっど。すてられたふたりがみじめすぎる」

亜沙美《あさみ》が、悪代官をにらむ水戸黄門みたいにまゆをしかめる。

美穂はいつもみたいに共感するふりをすることができず、つい本音をもらしてしまった。

「……でもさぁ、そもそも『つきあう』ってなに？」

「はぁっ？」三人が、きれいなユニゾンできき返してくる。

宇宙人でも見るような目をした三人に、美穂は逆に質問した。

「『わたしたち、つきあってま～す』って宣言して、ちょっと得意になること？　自分以外と『つきあう』ことがないように、相手と契約をかわすってこと？　そんなことしていったいなんの意味があるの？」

美穂の言葉に、英子、さくら、亜沙美の三人が顔を見あわせた。

「『つきあう』って……そりゃ、おたがいに相手のことが好きだってみとめあうことじゃないの？」

さくらの言葉に、英子がうなずく。

「両思いってわかっただけで、めちゃうれしいよね」

「うん、ドキドキする。で、いっしょに帰ったり、休みの日にデートしたり」

「あとさ、つきあってれば、手をつないだり、キスとかもするじゃん」

亜沙美がいうと、英子とさくらが「きゃ～、キスだって」と歓声をあげる。

「でもさぁ、この季節、うちらには恋とか無理じゃね？　汗くさいもん」

亜沙美の現実的なつっこみに、英子が爆笑する。

「いえる！　胴着がくさすぎるもんね。たのむから男子は近くによらないで！　てかんじ」

「あはは。でも彼氏ほしいよね～」とさくら。

「ね～」と亜沙美。

もりあがる三人をよそに、美穂はこっそりため息をついた。だめだ。「つきあう」ことのなにがそんなにうれしいのか、自分にはまったくわからない。

両思いだとわかってドキドキする？　それってどういう感覚なんだろう。男子と手をつないだり、キスしたり……。そんなこと、自分にはぜったいできそうにない。「つきあう」という約束をしたせいで、そういうことをしないといけなくなるのなら、自分はやっぱりだれともつきあいたくない。

「でさ、英子はあいかわらず三年の真鍋徹《まなべとおる》先輩が好きなの？」

亜沙美がきくと、英子がぽっとほほを赤らめてうつむく。

「うん。やさしいもん。まんなかの兄貴となかいいからときどき遊びにくるんだけどさ、すごい友だち思いなんだ」

「亜沙美は？」さくらにきかれて、亜沙美は首をかしげる。

「う～ん、前まではC組の江藤《えとう》だったんだけど、いまはちょっとなぁ。さくらは？」

「わたしは、塾の先輩。学校はちがうんだけどさ。橘光喜《たちばなこうき》さんっていうの。頭いいし、なにより超美形！」

「へぇ～。ほかの学校っていうのがなんかいいよね。ちょっとミステリアスなかんじがして。美穂は？」

とうぜんの流れで、質問はこっちにも飛んできた。

「ウチは、真田幸村《さなだゆきむら》」

とたんに三人が、まゆ根をよせてのけぞる。

「出たよ！　歴女」

「美穂ってさぁ、かわいいし小学生のときからもてるのに、なんでだれともつきあわないの？」

「そうそう。もったいないよ。歴史の本ばっかり読んでさ、人生損してるんじゃない？」

「そう……かなぁ」言葉をにごしながら、心のなかで『それはちがう！』とさけんでいた。

卓球に興味がない人に、「卓球しないなんてもったいない」「人生損してる」なんていう？　和楽器に興味がない人に、「お琴の音色に興奮しないなんて信じられない！」とか思う？

それとおなじで、自分は恋愛にまったく興味がもてないのだ。

戦国時代でいいなと思うのは、武家の結婚に恋愛感情はほとんど関係がない、というところだ。家を守るために、親が決めた相手といっしょになる。家名を残すために子どもをつくる。目的がはっきりしていて、とてもわかりやすい。

愛だの恋だの、映画や漫画ではそれこそがこの世で一番大事、みたいにえがかれているけど、そんなあいまいなもののために命をかけたり、ほかの大事なものをあきらめたりする登場人物たちの気持ちが、美穂にはまったく理解できない。そんなモチベーション、いったいどこからわいてくるんだろう。

自分にとっては「お家のため」といわれるほうがずっと納得がいく。でも、世間的にはそんな自分のほうが、どうやら少数派らしい。

「夏といえばさ、怪談だよね」

気づけば、話題はちがう方向に流れていた。英子が小さく手まねきすると、声のトーンを落としていう。

「うちの一番上の兄貴、六色鉄道に勤めてるんだけどさ、こないだ、ちょっとこわい話きいちゃったんだ」

「え、なになに?」三人で身をのり出す。

「学校から駅にむかうとちゅうにさ、踏切あるじゃない? あれ、『六邇七踏切《むじな》』っていうらしいんだけど、さいきんあそこで、へんなことが起きはじめているらしいの」

「へんなこと?」

英子の話ではこうだった。

踏切を渡ろうとした人が、線路上でなにかに足を引っぱられ、とつぜん動けなくなる。あわてて助けを求めるがまにあわず、やってきた列車にひかれてしまう。ああ、自分は死んでしまったんだ……そう思って目をあけると、なぜか踏切の外にいて体もぴんぴんしている。

「おかしいな。白昼夢《はくちゅうむ》でも見たのかな」そう思って笑い話としてまわりに話し、その後もふつうに生活するが、およそ一か月後に突然死《とつぜんし》してしまう。

家族にきくと、持病もなく原因は不明。ただ、むじな踏切で白昼夢を見てから死ぬまでの間、その人には影がなかったそうだ。

「兄貴によると、むかしからたびたび話題になっていた現象らしいんだけど、さいきん急におなじような話がふえはじめて、先月はすくなくともふたりが亡くなってるんだって」

背筋がひやりとした。

「だれよ、だれ？　だれが足を引っぱるの？」

「やばいよそれ、こわすぎるよ」

亜沙美とさくらが、自分の体を抱きしめていう。美穂もごくりとつばを飲みこむと、おそるおそる英子にきいた。

「つまり、ほんとうは列車にひかれてたってこと？」

「わかんない。けど、兄貴の会社では一度お祓《はら》いしようって話も出てるらしい。会社としては事故はなかったことになってるけど、運転士さんのなかにも、人が線路内に入りこんだ幻覚を見て、列車を急停止させた人が何人もいるんだって」

「……そんなことって、ほんとうにあるんだね」

つめたいストロベリーシェイクのせいだけでなく、急に寒くなった気がして、美穂はぶるりと身ぶるいした。


木曜日は、週に二度の地歴部の日だった。

部室にいくと、五木がまんなかの長机でノートパソコンを広げている。美穂に気づくや、なんでもない顔をして「おう」と片手をあげてきた。

あ、ふつうだ。美穂はほっとして、いつものように「やほー」と片手をあげかえす。五木は平然とした態度のまま、美穂にパソコンの画面を見せた。

「これ見てみ。六色大学の民俗学研究室が、にじ姫さまについての研究をしてるんだって。いまのままじゃネタがたりないし、こんど話をききにいくか」

「へえ。いいね」

よかった。いつもの五木だ。美穂はうれしくなって、五木の背後から画面をのぞきこむ。

「どれどれ、ふうん。山根《やまね》研究室かぁ。うん、やさしそうな先生だし、いろいろおしえてくれそう。いってみようよ」

地歴部は秋の文化祭で、地元の神さまであるにじ姫さまについて発表することになっている。

にじ姫さまは六色山の中腹にある六色神社にまつられている神さまで、あるときは青年のすがたに、またあるときは犬や少女のすがたになって、村人たちを救ってきたといわれている。

今年は七十年に一度、にじ姫さまが天から降りてくる年とされていることから、発表の題材にすることになったのだ。

「ふふふ。そういうと思って、じつはもうアポをとっておいたのだよ」五木がにやりと笑う。

「おお、さすが五木！　アイデアと行動力」

美穂が拍手すると、五木は鼻を天井にむけて腕をくむ。

「そうだろう、そうだろう。おれをこそ神とよびたまえ」

「はあ～？　チリ紙？　鼻かみ？　ボール紙？」

「おまえなぁ……」

そのとき、ほかの地歴部のメンバーが模造紙や段ボールをかかえて部室に入ってきた。

「おや～、おふたりさん、水いらずでもりあがってますねぇ」

「ひゅーひゅー」

おなじ二年の橋本《はしもと》と山野《やまの》だ。一年の千夏《ちなつ》もふくみ笑いをしながら、

「前から思ってたんですけど、五木先輩と木下先輩っておにあいですよね。会話のテンポが絶妙っていうか」

「千夏ちゃんもそう思う？　おれらも前から思ってたんだよね。もうすぐ夏休みだしさ、おまえらもう、つきあっちゃえば？」

「W木《ウッド》コンビ！」

橋本と山野が、なにがうれしいのか幼稚園児みたいにはやしたててくる。美穂は、ぎりっとふ

たりをにらみつけていった。

「そういうの、ほんとやめてくれない？」

千夏がびくっと肩をふるわせ、美穂を見た。橋本と山野もぴたりと口をつぐみ、おびえた目で顔色をうかがってくる。

しまった。強くいいすぎた。こいつらはなにも知らないだけなのに。あわててフォローしようとすると、五木がのんびりした声でいった。

「まあさぁ、あれだよ。木下はさ、真田幸村以外は男じゃないっていう、いわゆる歴女だし。おれ、幸村と戦う気ないよ」

五木のとぼけた口調に、みんながほっとした様子で笑う。

「あれはおまえ、大河ドラマで堺雅人《さかいまさと》が演じたから、かっこよく見えただけだろう」

橋本の言葉に、美穂は思わず反論する。

「なにをいっちゃってるのかな、橋本君。真田幸村はほんとうに武将としてすぐれていたんですよ。大坂の役《えき》ではあの家康《いえやす》をたおしていてもおかしくなかったし、形勢不利とわかっていても豊臣方《とよとみ》をけっして見すてず戦いぬいて、さいごは傷兵を手当てしているところをおそわれて亡くなるっていう、もう、人格といい才能といい……」

「それをいうなら、石田三成《いしだみつなり》ですよ」

千夏が参戦する。ふだんから「せんさいで知的な人が好み」という千夏は、大の三成推しだ。

「頭がよすぎてけむたがられることもあったみたいですけど、官僚としての能力は抜群で、秀吉《ひでよし》の天下統一になくてはならない存在だったんですよ。小早川《こばやかわ》が裏切りさえしなければ関ケ原だって……」

「いやいやいや、やっぱり上杉謙信《うえすぎけんしん》だろう。男は義だよ、義。諸君、義をつらぬき、ういた話のひとつもない謙信こそ、これぞ男っていう……」

橋本も主張をはじめて、話がややこしくなっていく。五木が笑いながらみんなをとめた。

「ああ～、はいはい。わかったわかった。戦国武将となるとみんな熱いね。収拾つかないから、今年の成果発表はにじ姫さまにしといてよかった」

いいながら、にやりと笑って美穂を見る。美穂もにやりと笑いかえす。

五木はいいやつだ。五木ほど気があって、こいつ好きだなぁと思えるやつはほかにいない。

だけど……。

「先週のことは、気にしなくていいから」

帰り道、ほかの部員と別れて美穂とふたりになったところで、五木はいった。

「おれも気まずいのはいやだしさ。これまでどおりいこうぜ」

にかっと笑って、親指を立てる。美穂は、ほっと胸をなでおろした。

「そっか……うん。わかった」

よかった。これまでどおりでいいのか。

けれどそのとき、さりげなくポケットにしまわれた五木の手が、小さくふるえていることに気がついた。思わず歩みをゆるめて見つめる。ぎゅっとにぎられたこぶし。男の子らしい太い筋が、手首にういている。「男はがまん」。そんなフレーズが、頭にうかんだ。

「あ……」

自分は五木に、無理をさせているのかもしれない。

はじめてそのことに気づいた。

やりきれなさが、胸の中であばれだす。ああ、なんだってこの世界には、恋愛なんてものがあるんだろう。そんなものがあるから、自分たちがこんなへんなことになってしまうんじゃないか。

そもそも恋愛なんて、熱したり冷めたり、ちっとも信用できないじゃないか。すくなくとも自分は、佐竹やリナちゃんがころころ相手を変えるように、五木のことをあつかうことはぜったいにしない。したくない。

ときめきなんてなくても、だれかを大事に思うことはできるし、手をつないだりキスしたりなんてしなくても、人として好きだからいっしょにいたい、と思うことだってあるのに——。

でもそれはあくまで美穂の考えで、五木はそうではない。五木は美穂に「これまでどおり」ではない関係をもとめている。たぶん、けっこう切実に。

美穂は、けっして見つからない鉱脈をさがして必死に穴をほる、鉱員のすがたを思いうかべた。ほってもほってても彼のもとめるものは出てこない。けれど泥だらけになりながら、彼はほりつづける。いつか見つかるはずだと、心のどこかで信じて。

五木、ごめん——。

まぶしいほど赤い夕焼けに、美穂は目をほそめた。駅前のマンションや、田舎らしい軒の低い家々、電信柱が長い影を落としている。

むじな踏切が近づいてきたとき、美穂はあることに気がついた。

え？

追いこしていく自転車やすれちがう人、車や電車から長い影がのびている。けれど、どこをさがしても見つからないのだ。

「五木の影がない……」

見まちがいかな。美穂は、ごしごしと目をこすった。

夏休み二日目の朝。いやに興奮した様子の五木から、電話がかかってきた。

「木下、おまえ、きのうの晩見た？」

せっかくの夏休みなのに朝の八時にたたき起こされ、美穂は不機嫌な声できさかえした。

「は？　なにを？」

「だから、きのうの晩だよ。ふしぎな光が六色山のほうにむかっていくのが見えたらしい」

「……ふしぎな光？」

「うん。色とりどりに光りながら、空を横切っていったんだって」

「……へ～」不機嫌が継続した声で答えると、五木がじれったそうにいう。

「おまえ、リアクションうすいな。町ではにじ姫さまが降臨《こうりん》したんだってもっぱらのうわさだよ」

「え、にじ姫さまが？」

ここにきて、ようやく美穂の頭もさめてきた。

「じつは、六色大学の山根先生に電話したら、アポの日程を早めてくれたんだ。今日の午後研究室にいくことになったんだけど、おまえ、いける？」

「いける！　ていうかいく！」美穂は勢いよくうなずいた。

七十年に一度の、にじ姫さまの降臨。

歴史ロマンだ。


六色大学は、高層ビルなどひとつもない六色町では一番高い建物だ。メインの中央棟は十三階建てで、敷地面積も広く、緑につつまれたキャンパスが六色山のすそ野に広がっている。学部によっていくつかの棟にわかれているのだが、山根研究室はそのなかでも一番古い棟の、うす暗い一角にあった。

「六色大学民俗学研究室」と書かれたプレートの前で、美穂と五木は顔を見あわせた。ノックする役目をおしつけあっていると、むこうからドアが開き、学生らしい女の人が顔を出す。

「あ、もしかして、六色中の地理歴史部の子？」

エスニック系の服を着て、髪に細かいパーマをあてたファンキーなかんじのお姉さんだった。

「あ、はい。そうです。ぼくが、部長の五木博則っていいます」

「あ、ウ、ウチは木下美穂です」

お姉さんはにっこり笑うと、研究室のなかにむかって声をかけた。

「山根センセ～、かわいらしい中学生たちがきましたよ～」

「ああ、はいはい。どうぞ入って」やさしそうな声がした。

美穂と五木がおどおどしながら入っていくと、本や書類にまみれた部屋のかたすみ、大きな事務机の前にすわっていた男の人がふりむいた。

「どうもどうも。民俗学研究室の山根敬明《たかあき》です」

立ちあがった山根先生は、寝起きみたいなぼさぼさ頭に黒ぶち眼鏡《めがね》をかけた人のよさそうな先生だった。年齢は四十歳くらいだろうか。思っていたより若かったので安心した。

「ええと、君たちは、にじ姫伝説について調べて文化祭で発表するんだったたね」

「あ、はい。そうなんです。地元で一番知られた神さまですし、いろいろ調べたらおもしろいかと思って」

五木の説明に、山根先生はうれしそうな顔でうなずいた。

「なるほど。いい視点だね」

「今年はにじ姫さまが、七十年に一度天から降りてくる年だっていわれているんですよね」

五木の質問に、山根先生はうなずくと、Ａ４判に引きのばした写真を手にとった。古い文書を撮影したものらしく、くずし文字のようなものが書かれている。でも、なにが書いてあるのかは

さっぱりわからない。

「そうなんだ。神社に残る古文書を読みといても、たしかにそう書いてある。にじ姫さまは、こまっている村人がいたらそのつどにじ色の光とともに現れて助けてくれるんだけど、この七十年に一度の年はずっと地上にいてくれて、村人たちのねがいをかなえてくれたり、こまりごとを解決してくれたり、まあ、いってみれば『人助けの大盤ぶるまい』をしてくれるらしい」

「人助けの大盤ぶるまい？」

ききなれないフレーズを思わず復唱すると、五木も面食らったようにいう。

「なんか、歳末たすけあい運動みたいですね。大盤ぶるまいといえば豊臣秀吉だけど……」

「お、さすがは地歴部部長だね」

山根先生は楽しげに笑うと、手もとの資料に目を落とした。

「ちなみにいまから七十年前、太平洋戦争の直後にも『大盤ぶるまい』はあったらしい。町内のお年寄りにききとり調査したところ、いろんな話がきけたよ。たとえば当時六色町で栽培していた作物はどれもすずなりの豊作で、みな食べ物にこまるということがなかった。土が変わったわけでもないのにどうしたことかと、地元の人たちはふしぎがったということだよ」

「へぇ～」

「ほかにも、町の中心部に駅がつくられることになったり、戦地で亡くなったとされていた人々がひょっこり帰ってきたり、子どものできなかった夫婦に子どもができたり、乱暴者だった息子が働き者になったりと、個々の家庭でもいいことばかりがつづいたらしい」

「はぁ～……」美穂と五木は、ぽかんと口をあけた。

「もちろん偶然が重なっただけかもしれないし、なかにはお年寄りの記憶ちがいや思いこみもあるだろうけど、地元の人たちの意識にすりこまれるほどの事例があったことは、まちがいない」

山根先生はそこまで話すと、とつぜん「あ、ごめん」と頭をかいた。「夢中になってしゃべっちゃって。どうぞ、そこのソファにかけてください」

つっ立ったまま話をきいていた美穂と五木は、窓ぎわのソファをすすめられ、ようやくメモ帳とペンをとり出した。そこに、さっきのお姉さんが麦茶のコップをはこんできてくれる。

「はい、どうぞ。先生は研究のことになるとまわりが見えなくなるから、気をつけたほうがいいよ」

「すまんすまん。あ、こちらはうちの研究室の田宮響子《たみやきょうこ》さん。優秀な学生だよ」

響子さんは美穂たちにウインクすると、自分の席にもどっていった。

山根先生は自分の麦茶をおいしそうに飲みほすと、考えるように空中を見つめた。

「ほかにあまり知られていない話としては、そうだな……。君たちは、六色神社に伝わる『槍《やり》』の話は調べたのかい？」

「槍？」きいたことがなかった。五木と顔を見あわせ、首をふる。

「うん。まあこの話は、六色神社にいって、実物の槍を見せてもらいながらきいたほうがいいと思うけど……。にじ姫さまには、じつは天敵がいてね」

山根先生は、こんな話をしてくれた。

六色町ではそのむかし、皮をなめして売ったり使ったりするために、たくさんのたぬきが狩られた。人々が生活のためにしかたなくやったことだが、おこったたぬきは、人々を化かしてひどいわるさをするようになった。

赤ん坊をさらったり、旅人を山で迷わせ餓死《がし》させたり、お年寄りを川に引きずりこんだり。そのやり口があまりにひどいので、人々はにじ姫さまに助けをもとめた。

にじ姫さまはたぬきを説得するが、たぬきはいうことをきかず、ますます多くの人を化かそうとする。おこったにじ姫さまは大槍にすがたを変え、天からたぬきの心臓をつらぬいた。しかし、うらみの強いたぬきは死にきれず、いまでも人々にわるさをしつづけているそうだ。

「君たちの学校の近くに、『むじな踏切』という踏切があるだろう？　あそこが、にじ姫さまがたぬきをはりつけにしたといわれている場所だよ。貉《むじな》、というのはたぬきのことだからね」

「え〜っ」

英子からきいた話が思わぬところでつながって、美穂は目を丸くした。

ということは、あの踏切で起きる奇妙な現象はたぬきのたたりってこと？　英子がいっていたように、さいきんまたあの現象が増えはじめたのだとしたら、七十年に一度のにじ姫さまの降臨に、たぬきが殺気立っているってことなのかもしれない。

あらためて背筋が寒くなり、美穂は両腕をこすった。

「そうそう、これもわすれてはいけないことなんだけど、にじ姫さまにはひとつ大きな特徴があるんだ」

山根先生は、せっせとメモをとる五木と、メモは完全に五木にまかせて先生の話を楽しむ美穂を、おもしろそうに見くらべながらいった。

「にじ姫さまは『姫』とよばれているけど、じつは性別がはっきりしないんだよ」

「え？　お姫さまじゃないんですか？」五木が、おどろいたように顔をあげる。

「ああ。古事記に出てくる日本の神々の中には、性別不明の『独り神』がわりとたくさんいてね。にじ姫さまもそうした神さまと同類なんだ。ほかの神さまと結婚して新しい神さまを産んだりしないし、ときに男神に、ときに女神にすがたを変えて村人たちを救っていて、いわば『性別という枠にとらわれない存在』なんだよ」

山根先生の言葉に、美穂は胸をつかれた。

性別という枠にとらわれない存在――。

「あ～、たしかに、いろんなすがたになって出てきますよね。女神や若い男性、幼い子ども、それから犬に槍。性別だけでなく、そもそも人のすがたをしているのかどうかもはっきりしないな」

五木は「なるほど」という顔をして、自分の思いつきをメモ帳に書きとめている。

山根先生はうれしそうに五木を見ながら、

「そうだね。もしかしたらその実体は、『光』なのかもしれないよ」

「光！　にじ色のですか？」五木はがぜん前のめりになると、きのうの晩、町内で目撃されたという光について興奮したようすでまくしたてた。

「山根先生はどう思いますか？　やっぱり、にじ姫さまが降臨した光だと思いますか？」

「ああ、それは……」山根先生は、苦笑いしながら響子さんのほうを見た。響子さんも、にやにやしながらこっちを見ている。

なんだろう。なんだか、わるだくみでもしているみたいな表情だけど。

「先生、いっそのこと、この子たちにも手伝ってもらったらどうでしょう」

響子さんの言葉に、山根先生はぱっと顔をかがやかせた。

「それはいい。ちょうど人手が足りないと思っていたんだ。君たち、二年生だし夏休みはひまだろう？　よかったら民俗学研究室のフィールドワークを手伝ってくれないか？」


翌朝、美穂と五木は、山根先生や響子さんら六色大学民俗学研究室の学生たちと、フクザツな気持ちで六色山を登っていた。

六色駅から駅前商店街をぬけ、両側に田畑が広がる県道を一キロほど歩いたところに、六色山の入り口はある。赤い大鳥居が目印で、そこから山の中腹にある六色神社まで、アスファルトの歩きやすい参道がのびている。

六色町で生まれ育った子どもなら、遠足やちょっとしたハイキングでかならず一度は歩いたことがある道だ。行楽シーズンでもないかぎり参拝客もすくなく、参道にそって流れる谷川のさやさやとした水音を楽しみながら歩けるのだが、今日はやたらと人が多い。

「……にしても、びっくりしたな」

家族づれを追いこしながら、五木がつぶやいた。美穂も、お年寄りの集団をやりすごして五木

となら ぶ。

「……うん。まさか、ドローンだったなんてね」

きのう研究室できいたのは、思いもかけない真相だった。

夏休み初日の夜に目撃された光は、六色大学の写真サークルが飛ばしたドローンだったらしい。夜の町を上空から撮影するために許可をとって飛ばしたそうで、ぐうぜんその計画を知った山根研究室は、このチャンスをありがたく利用させてもらうことにした。

今年の春、大きな流れ星が六色山の上空を流れたことがあった。その後しばらく六色神社は参拝客でいっぱいになった。流れ星の光をにじ姫さまが降臨した光だと思った人たちが、ねがいごとをしにやってきたのだ。

その話を宮司《ぐうじ》さんからきいていた山根先生は、今回のドローンでもおなじことが起きるだろうと予想。やってきた参拝客にアンケートをとることにした。「地域に根づいた民話や伝承が現代社会にあたえる影響」なるものを論文にまとめるのが、山根研究室の目的だそうだ。

「あ〜あ。おれ、じつはちょっと信じてたんだよね。にじ姫さまのこと」

五木が、大きなため息をついていう。

「今年は七十年に一度の特別な年だからさ、ほんとうにねがいをかなえてくれるんじゃないかって」

「ウチも。一生に一度のチャンスだもんね。でもまあ、おとといの光がドローンだったってだけで、まだにじ姫さまの伝説がうそと決まったわけじゃないよ」

三キロの上り坂を四十分ほどかけて歩くと、ふたたび鳥居が見えてくる。にじ姫さまの本拠地、六色神社だ。

写真サークルのドローンをにじ姫さまだと思いこんだ人はかなりいたらしく、神社は人であふれかえっていた。

「じゃあ、これからアンケート調査をはじめます。この用紙をボールペンといっしょにバインダーにはさんで、できるだけいろいろな年齢の人にくばってください。よろしくたのみます」山根先生はそういうと、研究室の学生七人と美穂、五木に深々と頭をさげた。

手わたされたアンケート用紙はひとり五十枚ほど。美穂は紙袋から一枚引っぱり出すと、中身を読んでみた。

「あなたはにじ姫伝説を知っていますか」「それはどんな内容ですか」「どんなねがいごとをしましたか」「後日お話をうかがうことはできますか」質問項目がいくつかならび、最後に年齢や性別を書く欄がもうけられている。

「あれ？」性別欄を見た美穂は、つい声をあげてしまった。「男」「女」のほかにもうひとつ、「その他」という選択肢があったからだ。

「どうかした？」響子さんが、美穂の手もとをのぞきこんでいった。

「あ、響子さん。これ、性別の欄に『その他』ってあるんですけど、どういうことですか？」

「ああ、それね」響子さんはパーマの髪をかきあげ、ううん、とのびをするといった。

「人の性別っていうのは、『男』と『女』にくっきりわけられるものじゃないからね。にじ姫さまじゃないけど、現代を生きるわたしたちのなかにも、自分は女性でも男性でもないと感じる人たちはたくさんいるんだよ」

「……そうなんですか」

ぽかんと、響子さんの顔を見てしまった。そんな話、生まれてはじめてきいた。

「それだけじゃない。自分は男性か女性のどちらかだけど、好きになる相手が異性とはかぎらないっていう人もいるよ。たとえば山根先生は、きのう先生がわたしした本のあとがきにも書いてあったと思うけど、男性を好きになるゲイなんだ」

「え!?」びっくりした。本は机の上に置いたまま、まだ開いていない。

山根先生は男の人だけど、男の人を好きになるんだ……。

「わたしは女だけど、じつは男性も女性も好きになるんだ。バイセクシャルっていうんだけど。今日、いっしょにきてる紗来《さら》は、わたしの彼女なの」

響子さんはそういって、拝殿の前あたりで参拝客に声をかけている女の人を指さした。おなじ山根研究室の学生さんで、化粧っけのないそぼくな顔だちがかわいらしい人だ。

「山根研究室には、『性的マイノリティ』、つまり好きになる対象が異性にかぎらなかったり、自認する性別が体の性別と異なっていたりする人間がけっこういてね。先生が理解があるから、公表している人が多いってだけかもしれないけど」

目からうろこが落ちたような気がした。「性的マイノリティ」。そういう人が、世の中にはたくさんいるんだ……。

「あの」美穂は、思わず口に出していた。「じつはウチも、にじ姫さまみたいに自分の性別がもうひとつよくわからないんです」

「へぇ……」響子さんが、いままでとはちがう目で美穂を見た。

「それに、恋愛っていうのがよくわからなくて……。そういう感情がまったくわかないっていうか」

「あ〜、なるほど。そういう人もいるよ。恋愛感情を持たないっていう人」

「ほんとうですか？」

「うん。アセクシャルっていって、恋愛感情も性的欲求も持たない人もいるし、ほかにも恋愛感情は持つけど性的欲求は持たない人もいる。……って、意味わかるかな？」

笑いながらいう響子さんに、美穂はずっとかんじていた不安をぶつけてみたくなった。

「あの、いまの世の中って、結婚するまでにだいたい恋愛しないといけないじゃないですか。ウチ、恋愛はべつにしたくないけど、ずっとひとりで生きていくのはさびしいなって思うんです。だから戦国時代みたいに、あなたはこの人と結婚するんだって、親が決めてくれたら楽なのにっていつも思うんです」

「戦国時代！　なるほどね。あなた、おもしろいこというね」

響子さんは感心したように美穂を見た。

「だいじょうぶ。さいきんは恋愛感情を持たない人どうしがパートナーをさがすための集まりもあるみたいだよ。だれかと親密になったりいっしょに暮らしたりすることに、かならずしも恋愛が必要なわけじゃない。あなたも自分が生きやすい生きかたを、ゆっくり見つけていったらいいよ」

そういうと、美穂の背中をばんっとたたいて、

「さ、仕事仕事。わたしは社務所のほうにいくからさ、あなたはあっちの、ほら、にじ姫さまの祠《ほこら》のほうにいってくれる?」

親しみのこもった笑顔でいうと、響子さんは彼女さんのところへ走っていってしまった。


昼食をはさみ、午後三時ごろに調査は終了になった。

回収したアンケートを見ると、さまざまなねがいが書かれていた。『六色大学に受かりますように』『弟の病気がなおりますように』といったねがいごともあれば、恋愛や、だれかの気持ちについてのねがいごともあった。

『夏祭りで会った茜《あかね》ちゃんと、もっとなかよくなれますように』

『おれのほんとうの気持ちに、徹《とおる》が気づきませんように』

『エリとずっと親友でいられますように』

なかには、美穂とおなじように性についてのなやみを書いたものもあった。

『これからは男ではなく、女として生きていけますように』

世の中にはいろいろな人がいて、みんなそれぞれなやみやねがいをかかえて生きているんだな。

あたりまえのことだけど、美穂はこの日、そのことをあらためて実感した。

山根研究室の人たちと別れると、六色神社に伝わる『槍』を見せてもらうために、拝殿へとむかった。山根先生が宮司さんに話をしておいてくれたので、本来参拝客はあがることのできない拝殿へ、すんなりあげてもらうことができた。

社務所に住んでいる五十代くらいの宮司さんは、美穂と五木を祭壇の前にすわらせると、古い木箱をずいっとおし出した。

「ほら、これがにじ姫さまがわるだぬきを成敗《せいばい》したと伝わる大槍だよ。ふだんは祭壇の後ろにおさめてあるんだけどね」

二メートル以上ある木箱のふたを開け、紫色の布が巻きつけられた長い物体を、おごそかな手つきでとり出す。

布を解くと、なかから現れたのは美しい槍だった。柄の部分にきらきら光る貝がらをはめこんだ「らでん」という装飾がほどこされ、その先に日本刀とよくにた刀身がついている。

その形にぴんときて、美穂はつぶやいた。

「これ……なんだか薙刀みたい」

競技用の薙刀とはぜんぜんちがうけど、刃の反りかたが写真で見たことがあるほんものの薙刀とうりふたつだ。

「え？　でも槍だっていってたよな」五木が小声でいう。

「うん。けど、形は薙刀そっくり。たぶん、薙刀ってあんまりメジャーじゃないし、中世以降はぜんぶ槍に変わっちゃうから、名前をつけた人がまちがえたんじゃないかな。たいていの人は、こういうふうに長くて先に刃がついた武器を見たら、槍だ、と思うもんね」

宮司さんは、槍を布の上にそっとおくと、

「まあ、あとは好きなだけ見なさい。わたしはちょっとお客さんがあるから」

といって拝殿を出ていってしまった。参拝客がにわかに増えたせいで、いそがしいのだろう。

日がかげってきたなと思ったら、雨粒が落ちる音がした。あ、と思うまもなく雨あしは強くなり、はげしい夕立になる。

「ありゃ～、降ってきちゃったな」五木が立ちあがり、灰色にかすんだ境内を見やる。

「おれ、傘持ってねえよ」

「夕立だからすぐやむんじゃない？」

拝殿のなかでは、ろうそくが何本かゆらゆらとゆれている。外よりもうす暗く、なにかの儀式みたいな雰囲気がただよう。

美穂は思いきって、五木の背中に話しかけた。

「あの、さ、……こないだの話のことなんだけど」

「こないだの？　……ああ」

なんの話かすぐにわかったらしく、五木は美穂のむかいにやってきた。両手をぎゅっとにぎりしめて、傷つくのを覚悟したみたいな顔で、そこに正座する。

「あのさ、ウチ、じつはにじ姫さまなんだ」

「は？」

五木がちょっとずっこけたみたいにバランスをくずす。なにいってんのコイツ、という目で見てくるので、あわてて説明した。

「つまりさ、自分のことを女だとも男だとも思えないの。いちおう女の体してるから、どっちかっていうと女かな、とは思うし、そのほうが見ためにあうと思うから女の子の格好をしてはいるんだけど……」

五木は、ぽかんと口をあけて美穂を見ている。その顔のまましばらく静止していたけど、ようやく脳内処理が完了したのか、首をひねってこういった。

「つまり……、心は男だってことか？」

トランスジェンダーのことは知っているみたいだ。でも、美穂は心が男というわけではない。

「いや、そうじゃなくて、どっちでもないかんじ」

理解に苦しんでいるらしく、なんとも形容しがたい顔をしている五木に、美穂はつづける。

「でさ、恋愛っていうのがどうもよくわからない。恋愛感情っていうのを持ったことがないんだ。だから五木にはわるいんだけど、だれとも『つきあう』つもりはない。そういうことしたいとは、どうしても思えない」

五木はしばらく美穂のことを見て、祭壇を見あげた。あいかわらず雨が降りやまない境内に視線をうつし、それからもういちど美穂を見た。

「……あのさぁ、木下」

「うん。なに?」

「そんなまわりくどいいいかた、しなくていいよ。おまえかわいいし、モテるし、そりゃおれみたいなさえない男とつきあう気はないよな。つまりあれだろ? ほかに好きなやつがいるんだろ。いいよ、スパッとふってくれて。へんに気つかわれるとよけい傷つく」

「ちがうって!」美穂は、ほとんどさけぶみたいにいった。

「ウチは、あんたのことが人として好き。それはウチのなかで最上級の『好き』なんだ。だけど、ウチは恋愛ができない。将来どうなるかはわからないけど、すくなくともいまはできない。金魚が空を飛べないように、歴史が変えられないように、できないんだよ、恋愛が。だからほかに好きなやつなんているわけない。ほんとはあんまり人にいいたくなかったんだ。でも、このままあんたが穴をほりつづけるのを、だまって見ているわけにはいかないから……」

「穴?」

「いや、そこは気にしないで。とにかく、あんたのことをさえない男だなんて思ってないし、思ったこともない。だからそんなふうに傷つかないで。相手がわるかったんだ。あんたが相手にしようとしていたのは、そうだな……うん、岩だった、とでも思ってくれたらいい」

「岩……」

五木は目を白黒させて美穂を見た。美穂はしんけんな顔で五木を見返す。

しばらくして、ようやくなにかをさとってくれたのだと思う。五木はふーう、と長いため息をつくと、ぱん、と勢いよく両ひざをたたいた。

「わかった。正直、おまえの気持ちを理解するのは、おれにはむずかしい。……けど、おまえがうそをいってるんじゃないってことは、なんとなくわかったよ」

五木の言葉に、美穂はほっと胸をなでおろした。

自分ではない人の気持ちをほんとうにわかるなんて、不可能だ。だから、五木の言葉は百点満点だと思う。

「ありがとう、五木」

「おう」

「で、それはいいとしてさ」

美穂は姿勢をただすと、そばにあった槍を右手でつかんだ。

そのままゆっくりと立ちあがり、きれいな波紋《はもん》のうかんだ刀身をまっすぐ五木にむける。

「ちょ、な、なんだよ」

力がぬけた様子で美穂を見ていた五木が、びくりと肩をふるわせた。美穂は答えず、切っ先をさらに近づける。

「おまえ、なにしてんだよ」

わけがわからない、といった表情であとずさる五木に、美穂はいった。

「五木、よく思い出してほしいんだけど。あんた、一週間くらい前にむじな踏切でへんな目にあわなかった?」

「え?」刃をちらちら見ながら、五木はいった。

「……そういえば、白昼夢っていうか、へんな幻覚みたいなのを見た、かも」

「どんな?」

「ええと、学校から帰るとちゅう、人が踏切にいるのが見えて……」

五木によると、それは白杖《はくじょう》を持ったおじいさんだったらしい。なぜか方向がわからなくなり、踏切内で立ち往生《おうじょう》していたそうだ。カン、カンと警報音が鳴りはじめ、あせってよけいに足がすくんでしまったおじいさんを見て、五木は思わず遮断機《しゃだんき》をくぐり、踏切内に飛びこんだ。

おじいさんの肩を抱き、いそいで踏切の外に出す。これでひと安心だと思ったら、おじいさんは踏切内に白杖を落としてしまっていた。「マジか~」と思わずさけんだ。

五木は近づいてくる列車を見て、まだいけると判断、ふたたび踏切内にかけもどり、白杖をひろいあげた。ところが、そこで急に足が動かなくなった。

「鉛《なまり》みたいに重いんだよ、マジで。よく、夢の中でにたような状態になるけど、あんなかんじ。ぜんぜん足が持ちあがらないんだ」

結局五木は、やってきた列車にひかれてしまった……と、思った。列車にぶつかった衝撃も、直前に目をむいて自分を見た運転士の顔も、リアルにおぼえている。けれど気づけば、踏切の外に立っていた。

体はぴんぴんしていて、あたりを見てもあのおじいさんのすがたはない。手に持っていたはずの白杖も消えていた。

夢でも見たのか、と思った――。

「五木、あんた、たぬきに化かされたんだよ」

「たぬき？　たぬきって、きのう山根先生がいってたあのたぬきのこと？」

「そう。きのうも今日も、ウチ、あんたのこと注意して見てたけど、あんたやっぱり影がない！」

「ええっ？」

五木はおどろいた様子で、自分のまわりの畳を見た。ろうそくの炎に照らされ、美穂の周囲にはうっすらと影ができているが、五木のまわりにはない。

「英子がいってた。たぬきに化かされた人間は、一か月後にほんとうに死んじゃうんだって」

「ええ！　死ぬって、ええ？」

両ほほをおさえ、それから自分の体をだいた五木は、おびえた目で美穂を見た。

美穂は槍を持ちなおし、ふたたびまっすぐ五木にむける。

外では激しい雨が、境内をたたきつけるように降りつづいていた。ゴロゴロと雷の音がしたかと思うと、ピカッと稲妻が走る。

美穂は天をあおいだ。

「にじ姫さま。七十年に一度のおねがいです。どうか、五木をこの世にかえしてください。おねがいします」

大声でとなえると、美穂は五木におそいかかった。

「えぇ～いっ」

「木下、やめろ！　やめてくれ～っ」

両腕で自分をかばう五木めがけて、美穂は刃をふりおろした。

その瞬間、黒い影が五木の体からぴょうんと飛び出した。小型犬くらいの大きさで、実体はない。ぶすぶすとくすぶった煙のかたまりみたいに見える。これがむじなだ、とピンときた。

「ギュウゥウ……」影が、ひびわれた鳴き声をあげた。

頭のなかで危険信号が点滅する。

コイツ、やばい。

ほんもののたぬきならかわいいんだろうけど、まっ黒で顔のないそいつは、邪悪な敵意をむき出しにして美穂をにらんでいる。たぶん、気をぬくと命をとられる。

「ギョエェ～～ッ」

気味のわるいさけび声とともに、影が飛びかかってきた。

とっさに体が動いた。薙刀の試合みたいに石突をふり、影をはじきかえす。影がバランスを失ったところで、間髪をいれず刃をつきたてる。

槍はまっすぐに影をつらぬき、拝殿の大黒柱につきささった。美穂はほとんど力を入れていない。まるで槍が意思を持っているみたいに、まっすぐ柱にむかっていったのだ。

「ギイィ～、ギュ～、ギュ～ッ」

はりつけにされた影は、必死に全身をばたつかせる。きゅうにぶわっとふくらんだかと思うと、煙みたいな触手が四方八方にのび、ものすごい勢いで美穂にむかってきた。

やばい、のみこまれる!

そう思ったしゅんかん、強い光が槍からほとばしった。

「ギイヨエェエエエ～～～」

すさまじいさけび声が拝殿にひびきわたった。

すぐそばで腰を抜かしていた五木が、「ひいっ」とさけんで頭をかかえる。美穂はあまりのまぶしさに、槍から手をはなして顔をおおった。

ギョグワァア、ヒイィ、ヒイ、ヒイィィィ……

身の毛もよだつようなさけび声はじょじょにかぼそくなり、雨の音にとけるようにしだいに消えていった。

どれくらいたっただろう。

美穂と五木は祭壇の前にへたりこみ、柱にささった槍をながめていた。いつのまにか光はうしなわれ、影もすがたを消している。

「……木下」五木がぽつりといった。

「……うん？」

「おれ、影がある」

見ると、ろうそくの光に照らされた五木の体から、ちゃんと四方向に影がのびていた。

「ほんとだ」思わず五木の顔を見る。「やった」

「うん。やった」ふたりで手をとりあい、立ちあがった。

「ね？　ウチはにじ姫さまだっていったでしょ？」

「ほんとだ。すげえ。おまえ、マジでにじ姫さまだわ」

五木は両のこぶしをにぎると、天井にむかってつきあげた。

「よっしゃあ、生きかえった！」

「残念！　死にそこなったね」

「なんだと？」

「うそうそ。あはは。ほら、にじ姫さまの槍に感謝！」

「おう。にじ姫さま、ありがとうございました！」

ふたりで槍に手をあわせ、ふかぶかと頭をさげた。そのあとていねいに箱におさめていると、スイカがのった大皿を手にした宮司さんがやってきた。

「ほれ君たち、ちょっと社務所にきて、スイカでも食わんか」

「あ、宮司さん。あの、さっき、むじなのさけび声がきこえませんでしたか？」

美穂の言葉に、宮司さんはきょとんとした顔をした。

「へ？　なにもきこえんかったが」

美穂と五木が顔を見あわせる。宮司さんは首をかしげて、心配そうにいった。

「ふたりして、たぬきにでも化かされとったんじゃないか？」

スイカをごちそうになり社務所から出ると、すっかり雨はあがり、境内の水たまりや木々のしずくに陽光がきらきらと反射していた。

最後ににじ姫さまの祠をお参りするため、美穂と五木は展望台にむかうことにした。にじ姫さまは本殿ではなく、境内で一番見はらしのいい場所にひっそりとまつられている。

「木下、ありがとな」歩きながら、五木がいった。

「うん」

「……あのさ、やっぱりおれ、その、おまえのこと……」

「え？」

「……いや、なんでもない」

展望台につくと、小さな石の祠の前で手をあわせた。

「にじ姫さま、ほんとうにありがとうございました」

あらためてお礼をいう。命を助けてもらったのだから、百回頭をさげてもたりないくらいだ。

それからふたりで、柵《さく》のむこうに広がる眺望に目をやった。ここからは、六色町やその周辺の町々を見わたすことができる。

「あのさぁ木下、山根先生がいってたよな。にじ姫さまの実体は光なんじゃないかって」

「うん」

「じゃあさ、いま、降りてきてるのかもしれないぞ」

五木がそういって、夕暮れ前のうす青い空を指さした。

そこには大きなにじがかかっていた。赤、オレンジ、黄、緑、青、紫。グラデーションがくっきりとはえ、まるで町と空をむすぶかけ橋のようだ。

「……ほんとだ」

美穂の頭のなかに、アンケートで見た人々のねがいがうかんだ。弟の病気がなおりますように。ずっと親友でいられますように。女として生きていけますように——。

「だいじょうぶ。みんなのねがいは、きっとかなうよ」

五木が、力づよくうなずいた。

「うん」

美穂もうなずくと、五木とふたり、消えないにじをいつまでもながめつづけた。

◆

後日談——。

山根研究室は夏休みが終わるころまでアンケート調査をつづけ、その後は集計作業に追われていた。そんなある日、山根先生がパソコンにむかって打ちこみ作業をしていると、写真サークルのメンバーが訪ねてきた。

「先生、なんだかおもしろいことをしてるってきいたんですけど、ぼくたちにも協力させてもらえませんか？」

赤い眼鏡をかけた写真サークルの代表、根岸《ねぎし》だった。響子さんの友だちだ。

「え？　なんのことだい？」

山根先生がキョトンとした顔できくと、根岸はいった。

「にじ姫さまの降臨を再現して町民にアンケートをとるんでしょ？　じつはぼくら、ドローンを飛ばして六色町の夜景を撮影しようと計画してまして。前にも試みたんですけど、失敗してドローンが壊れちゃったから、今回先生に協力するという形にできたら、研究費で修理代を援助してもらえるんじゃないかなぁって……」

頭をかきながらいう根岸に、山根先生は混乱してたずねた。

「いや、その計画は知ってたけど……失敗？」

「ええ。七月下旬に一度飛ばそうとしたんですけど、機械の不具合でうまくいかなかったんです」

山根先生は、思わず響子さんと顔を見あわせた。

「いやいや、飛んだだろ？　町の上空を通って六色山まで。フラッシュの加減かにじ色に光って見えたから、にじ姫さまの光だと思った人が多くて、予想を大幅にうわまわるアンケートがとれたよ」

アンケート用紙の束をもちあげていう山根先生に、根岸は「ええっ？」と目を丸くした。

「それ、ぼくらじゃありませんよ。空からフラッシュなんかたいても被写体に届きませんし。そもそも、百メートルも飛ばないうちに落っこちちゃったんだから」

根岸たちの言葉に、こんどは山根先生が目を丸くした。

美穂は、文化祭を見にきてくれた響子さんからこの話をきいた。

響子さんは「ふしぎなこともあるもんだねぇ」と笑ったあと、地歴部の発表をほめてくれた。

「ほんと、よくできてる。山根先生にも報告するね。きっと喜ぶよ～」

「えへへ。ありがとうございます。ウチらも、最後は休日返上でがんばったから」

地歴部の成果発表は評判がよく、先生たちが決めるその年の最優秀研究賞を受賞した。地元紙の記者まで取材してくれて、五木はほくほく顔だ。

結局、夏休み初日に六色町の上空を横切った光がなんだったのかは、謎のままだ。

けれどこの夏、六色町ではにじがよく見えた。

にじが出るたび、美穂はにじ姫さまのことを思い出した。あの日六色神社で起きた、さまざまな出来事も。

『あなたは自分の生きやすい生きかたを、ゆっくり見つけていったらいいよ』

あれ以来すこしだけ、美穂は自分に自信が持てるようになった。

あとがき

この本の物語には、性のあり方（セクシュアリティ）に関して周りの友だちとは少し違っているかもしれないことで悩んだりこまったりしている小学生、中学生が出てきます。社会的に少数者または弱者を「マイノリティ（少数者）」といいます。性のあり方に関してのマイノリティは「セクシュアル・マイノリティ（性的少数者）」や「LGBT《エルジービーティ》」と呼ぶことがあります。「LGBT」とは、一言で説明すると

- L…レズビアン　女性を好きになる女性
- G…ゲイ　男性を好きになる男性
- B…バイセクシュアル　男性も女性も好きになる人
- T…トランスジェンダー　生まれたときのからだの性をもとに割り当てられた性と、自認する性が異なる人

の頭文字を組み合わせたものですが、セクシュアリティを決められない人なども含めて広い意味で「LGBT」と呼ばれることが多いです。

なお、「性同一性障害」という言葉もありますが、それは性別に違和感を持つ人や性別移行を望む人たちなどを示す医学的な診断名です。

また、人数が少ないといっても、日本ではＬＧＢＴの割合が人口の８・９％であるという調査結果（２０１８年、電通ダイバーシティ・ラボ）が出ています。およそ11人に１人という割合です。左利きの人や血液型がＡＢ型の人も全体の１割くらいといわれていますので、珍しいといっても会ったことがないということはなさそうな数字です。

日本ではレズビアンやゲイといった同性のカップルが結婚すること（同性婚）は法律上認められていませんが、男女での結婚に相当すると考えられた「同性パートナーシップ制度」によって認める地方自治体が増えてきています。東京都の渋谷区と世田谷区、兵庫県宝塚市、三重県伊賀市、沖縄県那覇市、北海道札幌市をはじめ２０１９年７月現在24の自治体がこの制度をつくっています。全国に同性婚を望む人がたくさんいて、国や地方自治体に働きかけていることで社会は変わりつつあります。すでに世界では、法律や制度の内容はさまざまですが、アメリカやイギリス、フランス、ドイツ、オランダ、オーストラリア、アルゼンチン、南アフリカなど、50の国・地域で同性婚が認められています（２０１９年６月現在）。

トランスジェンダーには、性自認に合った髪型や服装にしたいと思う人や、手術をしてからだを変えたいと思う人など、さまざまな人がいます。法律的にも性別を変更したいと考える人が、その手続きができるよう、２００３年には「性同一性障害特例法」という法律ができ、一定の条件を満たせば戸籍の性別を変更することもできるようになりました。このような法律ができたのも、性別を変えて生きていきたいという人たちやそれを応援する人たちが国に対して声を上げていったからです。

それでも、「テレビではよく見るけど、実際にＬＧＢＴの人には会ったことがない」「自分はＬＧＢＴかもしれないけど、周りにそういう人は一人もいない」と思っている人は多いでしょう。それは、自分がＬＧＢＴであることを言えない人が多いからだといえます。「自分はへんなのではないか」「いじめられるかもしれない」「すでに見た目でからかわれたりしている」と、不安に思うからでしょう。

はたして、多くの人と少し違っていることは、からかったり、いじめたりする理由になるのでしょうか？　ＬＧＢＴはその人の一面であって、友だちであることを左右するようなことではないと思いませんか？

世の中には、さまざまな人がいます。社会の制度をつくるうえで性は男女の二種類としておくのが便利だった、また、子孫を残すことを第一に考えて男女が結婚して子どもを産むことを重視してきたという歴史があります。しかし、どんな人も社会をかたちづくる一員です。あらゆるマイノリティがそのことによって差別されたり、暮らしにくくなったりする社会にならないよう、考える必要があります。

この本をとおして考えてみてください。

株式会社 保育社

著者

上山和音（うえやま かずね）

1978年、大阪府生まれ。京都大学教育学部卒。メディカ出版、読売新聞社勤務を経て、2012年、第1回「別冊文藝春秋」新人発掘プロジェクトに入選し、作家デビュー。学習塾を経営するかたわら、体重100キロ超の新聞記者デブちんが活躍する「走れ、ぱんだ号」（「つんどく！」vol.1、文藝春秋）や、阪神大震災を経験した動物たちの絆をえがく「ミナト神戸どうぶつ探偵団」（毎日新聞）などを発表。二児の母。

装画・挿絵

イシヤマアズサ

1988年、大阪府生まれ。イラストレーター・漫画家。主な著作に『真夜中ごはん』（宙出版）、『くいしんぼうのこぶたのグーグー』（作・得田之久／教育画劇）などがある。

協力（50音順）

- いわたにてるこ　カラフルチャイルド
- 笠場彩葵
- 遠藤まめた「LGBTユースの居場所にじーず」
  https://24zzz.jimdo.com
- 桂木祥子
- 濱田裕香

にじ姫《ひめ》さまのいるところ

2019年10月５日発行　第１版第１刷

著　者　上山《うえやま》 和音《かずね》
発行者　長谷川 素美
発行所　株式会社保育社
〒532-0003
大阪市淀川区宮原３－４－30
ニッセイ新大阪ビル16F
TEL 06-6398-5151
FAX 06-6398-5157
https://www.hoikusha.co.jp/
企画制作　株式会社メディカ出版
TEL 06-6398-5048（編集）
https://www.medica.co.jp/
編集担当　石上純子／下村美貴
装　幀　森本良成
装画・挿絵　イシヤマアズサ
印刷・製本　株式会社 NPC コーポレーション

ISBN978-4-586-08614-6　Printed and bound in Japan
乱丁・落丁がありましたら、お取り替えいたします。